WAC BUNKO

ディープステー

世界を操るのは誰か

渕睦夫

WAC

はじめに——ウクライナの次の戦争はどこか

２０２１年6月にワックから上梓した『ディープステート　世界を操るのは誰か』は影の世界権力であるディープステートの欺瞞を暴く目的で書かれたものですが、そのきっかけとなったのは前年の米大統領選挙でした。ディープステートが仕組んだ前代未聞の不正選挙によって大統領職を追われたトランプ大統領は、２０２３年になっても依然としてアメリカの真の大統領として根強い人気を維持しています。ディープステートはトランプ大統領を物理的にはホワイトハウスから追い出しはしましたが、トランプが政治の表舞台から去っていないことに恐怖を覚えているのです。２０２４年の大統領選挙に向けたディープステートの米国内戦略はトランプが大統領選挙で勝利することを阻止することです。アメリカで今進行しているのはトランプvsディープステートの最後の戦いなのです。

昨年はディープステートにとって新たな脅威が出現しました。2月24日にプーチン大統領が始めたウクライナ戦争です。ウクライナのゼレンスキー・ネオコン政権はディープステートの代理人で大富豪のジョージ・ソロスの支援の下に、ウクライナをロシア攻撃の前線軍事基地化を完成させました。いざ対露攻撃を開始しようとしたまさにその時に、プーチン大統領が機先を制してウクライナへの特殊軍事作戦に踏み切ったのです。

ロシアを戦争に巻き込みプーチンを失脚させるというディープステートにとって2014年のウクライナ・マイダンクーデター以来の夢がかなった瞬間でした。ディープステートはウクライナ戦争をできるだけ長引かせてロシアを疲弊させれば、プーチン失脚に繋がるとほくそ笑んだことと想像されます。しかし、ウクライナ戦争の勃発以来1年以上が経過した今日、苦境に陥っているのはロシアではなく、大規模な対露制裁を実施している欧米諸国の方なのです。2023年の後半以降、ディープステートのウクライナでの失敗の影響に世界が翻弄されることになりそうです。

2年前に比べ、ディープステートは守勢に立たされています。彼らの中核勢力が存在するアメリカのウオール街の焦りが感じられるのです。今後彼らの焦りが世界を全面的に巻き込む最終戦争（ハルマゲドン）に発展するのか否か、人類は岐路に立たされていると言えます。本書は改めてディープステートの正体を見抜くことによって生き残りの方策を探る目的で書かれました。私は希望の光を見出しています。バイデン・ディープステート直属政権がウクライナ戦争終結の是非を巡り内部分裂を始めたからです。そこで本書ではまず、内部分裂の切っ掛けとなったウクライナ戦争の顛末に焦点を当てることにしました。

ウクライナ戦争はロシアvsディープステートの戦い

昨年2月24日のロシアによるウクライナ侵攻（ロシアによれば特殊軍事作戦）が始まるや否や、欧米のメディアは一斉に「ロシアの侵攻は武力による現状変更という暴挙であり、第2次世界大戦後の国際秩序違反である」として、「ロシアは巨悪、ウクライナは自由と民主主義の擁護者」との善悪二元論を世界に振りまきました。なぜこのような幼稚な善悪二元論に世界が巻き込まれることになったのかを理解するには、そもそもウクライナ戦争はロシアとウクライナの戦争では無いことを見破る必要があります。その実態はロシアとアメリカ、すなわちディープステートとの戦いなのです。今回のウクライナ戦争はディープステートの正体を理解する上で格好の教科書になりました。ウクライナ戦争を仕組んだディープステートが改めて私たちの眼前に姿を見せたのです。

ウクライナ戦争のみならず、現在の世界に生じている様々な戦争や闘争の裏にディープステートの陰が見え隠れしていたことは、本書の中で詳述しました。この度、ウクライナ戦争を巡りすっかりディープステートの情報戦に絡めとられたわが国の一人でも多くの読者に手に取ってもらいたいとの思いから、ワックＢＵＮＫＯとして改訂出版されることになりました。

同著は今日のウクライナ戦争を予言していますが、この予言は偶然の産物ではなくディープステートの歴史や行動様式から必然的に導きだされた結果なのです。特に、同著の第３章「ディープステートに戦いを挑んだプーチンとトランプ」を読んでいただければ、現在のウクライナ戦争でプーチン大統領が誰と戦っているかが改めて鮮明になります。また、２０２０年の不正選挙で大統領を追われたトランプ氏が現在に至るもアメリカで絶大なる人気を保持しているわけもお分かりいただけると思います。

ウクライナ戦争の終結

昨年ロシアのウクライナ侵攻が開始されて以来、欧米諸国のメディアを中心に今にもロシアが敗北するとのフェイクニュースが連日のごとく報じられました。しかし、一年以上経過した今日、戦争で敗北したのはウクライナであり、またウクライナを軍事支援すると同時に広範囲な対露制裁を科してきた欧米諸国が多大の損害を受けていることが鮮明になったのです。この事実を間接的に証明することになったのが、本年2月20日に行われたバイデン大統領のキエフ「電撃訪問」でした。この理由を解明すると、ウクライナ戦争が終結に向けて動き始めたことが見えてきます。

バイデン大統領は2月19日未明（午前4時15分）にワシントン郊外のアンドルーズ空軍基地を大統領専用機ではなく要人輸送用の空軍機で出発。ドイツで給油の後、ポーランドに到着。車でウクライナとの国境の町に移動し、そこから夜行列車で10時間かけてキエフ中央駅に20日の午前8時到着。ゼレンスキー大統領との首脳会談の後、昼過ぎに再び列車でポーランドへ移動し、20日の夜遅くワルシャワ到着。キエフ滞在は5時間に過ぎないという実に慌ただしい日程でした。

バイデン政権側は今回のキエフ訪問が事前に外部に漏れないように周到な用意をしましたが、そもそもここまで秘密を保持しなければならなかったのは、政権内にキエフ訪問に対する反対意見が強かったのではないかと想像されます。これまでのウクライナ支援一辺倒のバイデン政権の姿勢からすれば、ウクライナ激励訪問に反対論が出るとは考えられません。とするならば、バイデン氏の目的は変わらぬウクライナ支援の姿勢を伝えることではなく、ロシアの全面攻勢が迫っている中、アメリカはこれ以上軍事支援できないのでロシアとの停戦交渉に入るプロセスを開始するようウクライナに申し渡すための訪問であったと解釈することが可能なのです。

ウクライナ敗北を事実上認める停戦交渉については、この戦争を画策したヌーランド国務次官はじめネオコン勢力が強硬に反対することは目に見えています。だからこそ、今回のキエフ訪問は秘密裏の電撃訪問でなければならなかったのです。その傍証となるのが、アメリカが今回のウクライナ訪問を事前にロシアに通報していたことです。表向きはウクライナの制空権を保持しているロシアが米大統領に危害を加えないよう事前通報したという説明が可能ですが、これもよく考えれば辻褄《つじつま》が合わない点が出てきます。

そもそも、ロシアにとってアメリカ大統領に危害を加える動機は皆無なのです。もし、ロシアがバイデン大統領を攻撃すれば即米露戦争に繋がることは間違いなく、NATOとの戦争を回避したいロシアとしては絶対に避けなければならないことだからです。事前通報の目的は、ロシアが偶発的にバイデンの訪問地近郊を軍事攻撃しないようにとの安全確保上の必要に基づくものとの説明は一応可能ですが、目的がそれだけだったとは考えられません。ロシアに対し何らかのシグナルを送ることに意義があったと見るべきです。敢えて想像をたくましくすれば、万が一バイデン大統領がネオコン強硬派の工作によって攻撃された場合、攻撃したのはロシアだとするネオコン得意の偽旗作戦に巻き込まれることがないように、予めロシアに準備を促しておいたとも解釈できるわけです。

10時間の列車の旅

そこで問題は片道10時間に及ぶ列車の旅です。なぜ、わざわざ時間がかかる列車を使ってキエフへ移動したのでしょうか。一部ではロシアの攻撃を避けるためだとの解説が行われていますが、これが矛盾することは既に説明した通りです。往復20時間を考えれば、強行日程のため車内で睡眠など休息を取ることはあり得たでしょう。しかし、それだけで列車にする理由は乏しいといわざるを得ません。

そこで、車内で停戦交渉を今後どのように進めるかについての予備的折衝が行われたのではないかということが考えられます。その場合、ロシアとウクライナの関係者が参加したと考えるのが自然でしょう。他方、キエフにおいては、両首脳は市中心部のミカエル寺院近辺を一緒に歩き緊密さをアピールしましたが、その際空襲警報が鳴るというオマケつきでした。空襲警報を聞いていたはずの二人は全く気に留めていなかったのが印象的でした。このように、キエフでの首脳会談はバイデン大統領が確かにキエフを訪問したとの事実を対外的にアピールするパーフォーマンスだったといわざるを得ません。

戦争継続派VS停戦推進勢力

以上のアメリカの内密の政策転換を受けて、2月21日のプーチン大統領の教書演説は抑制の取れた内容でした。ロシアのウクライナ侵攻を正当化しましたが、戦果を誇示することや予想される大攻勢に関する言及はなく、アメリカを刺激する発言はありませんでした。更に、同日中国の王毅政治局員がモスクワを訪問しプーチン大統領と会談しましたが、その後中国は12項目のウクライナ戦争停戦案を公表したのです。余りにタイミングが良すぎるではありませんか。

アメリカが停戦へ舵を切った背景には、ランド研究所のレポートが絡んでいます。国防総省のシンクタンクともいわれるランド研究所は今年1月に、「ウクライナ戦争への支援を継続すればするほどアメリカの損害が拡大して国力が衰退し、アメリカにとって真の脅威である中国に対抗する軍事力が毀損される危険がある」と警告を発したのです。

この報告書がバイデン政権、とりわけ国防総省に対しウクライナ戦争停戦へと戦略の転換を促したという風に見られがちですが、実態は既に国防総省内で停戦を求める決定が行われたのでランド・レポートが出たと考えるのが合理的でしょう。なぜなら、レポートが出て1ヵ月でバイデン政権が大きく方向転換することには時間的に見て無理があるからです。恐らく国防総省やCIAと国務省を筆頭とするネオコン側との間で路線闘争が行われ、国防総省やCIA内の停戦派が多数を占めた結果が、今回のバイデン電撃キエフ訪問に結実したのではないかと考えられます。

昨年11月14日、トルコでバーンズCIA長官（元駐露米大使）とナルイシキン露対外情報庁長官との会談が行われました。ウクライナ戦争の停戦に向けた話し合いが行われたことは明白です。翌15日、バーンズ長官はウクライナを訪問しましたが、ゼレンスキー大統領はポーランド領内にウクライナのミサイルを着弾させ、あたかもロシアがポーランドを攻撃したような発表をしたのです。アメリカ政府はいち早くロシアのミサイルではないとゼレンスキーの発言を否定することによって事態の沈静化を図りました。

ゼレンスキーが場合によってはロシアとNATOとの直接対決になり兼ねない大胆な挑発を単独で行うことは不可能ですので、停戦反対派のネオコン過激分子の指示によって行われたのではないかと想像されます。またビクトリア・ヌーランド国務次官がウクライナによるクリミア攻撃を画策したとの報道が流れたのも、この謀略の一環と見ると辻褄が合うわけです。ではアメリカはいつ方針転換を行ったのでしょうか。

転換点はノルドストリーム破壊

今年になって、アメリカの主流メディアでは相次いでウクライナが敗北していることを示唆する報道が現れるようになりましたが、これらはバイデン政権の停戦への政策転換の結果を反映したものと見られます。実は、政策転換の原因となったのが、昨年9月のノルドストリーム・ガスパイプライン爆破の「成功」なのです。

アメリカの著名なジャーナリスト、セイモア・ハーシュ記者はブログ（2月8日）において、昨年9月26日のノルドストリーム爆破はバイデン大統領の指示の下にCIA、米海軍及びノルウエー海軍が共同して実施した作戦であったと暴露しました。米英などによる爆破謀略説は事件直後から流布されていましたが、今回の暴露記事はアメリカ政府内部関係者のリークによるものであり、このようなリークが行われた背景にはアメリカ政府の政策転換を側面から支援するための意図があったのではと考えられます。

ノルドストリーム爆破によって、露独間の緊密な関係を頓挫させ、EU諸国の対露エネルギー依存度を低下させることに成功しました。アメリカの強硬な態度を知って、ドイツはじめEU諸国は自国の安全保障をこれまで以上にアメリカに頼らざるを得なくなりました。アメリカと距離を置いた独自の対露外交が当面不可能になったわけです。ウクライナ戦争を演出したネオコンとその背後のディープステートはロシアの解体を狙っていたのですが、穏健派は緊密な露欧関係に楔《くさび》を打ち込むという外交的成果を達成したことで矛を収めたのです。

ノルドストリーム爆破後の路線闘争で穏健派が勝利したことにより、アメリカは従来のウクライナ支援の旗印を公式には変更していませんが、水面下では着実に停戦に向かって進むことになりました。ここで問題となるのは路線闘争で後退したネオコンとその後見人であるディープステートの動向です。本書の刊行時点ではディープステートのウクライナ後の戦略が具体的には見えてきていませんが、彼らの過去の行動様式から推察すれば、他の地域で新たな戦端を開くことになるのではないかと危惧されます。

次の戦場はどこか

具体的には中東と東アジアでしょう。しかし、中東については中国がイランとサウディアラビアの国交正常化を仲介するなど、従来のアメリカの勢力圏を荒らしています。しかも、これら中東諸国も中国の仲介に応じることによって、アメリカ離れを急速に進めているのです。国交正常化のみならず、石油のドル決済から人民元決済などへとドル離れが進んでいます。イランの核武装が目前に迫っていると見られることもあり、イスラエルの動向が気になる所です。かつてイラクがウラン濃縮を始めた際にイスラエルは原子炉を空爆した経緯がありますが、アメリカの国力が弱体化している今日、イスラエルがイランとの戦争に訴える用意があるのかどうかは微妙なところと言わざるを得ません。

他方、東アジアでは中国の台湾侵攻が取り沙汰されていますが、習近平主席は台湾武力侵攻を考えていないと思います。なぜなら、ウクライナ戦争に見られたように、侵攻に伴うリスクがあまりにも大きいからです。アメリカもロシアにあれだけの制裁を科した以上中国の台湾侵攻に当たって何もしないわけには行きません。もし、在米の中国資産を凍結すれば中国人が習近平を見限ることが目に見えています。加えて、習近平に取って台湾の現状を敢えて変更する動機に乏しいのです。毛沢東との国共内戦に敗れた蔣介石が国民党軍を引き連れて逃げ込んだ台湾は、華人の地域としていずれ中国と一つになることが予想されるからです。

そうすると、東アジアで戦争が起こるとすれば、朝鮮半島の可能性が高いということになります。この構図は１９５０年のアチソン演説を彷彿させます。本書で縷々《るる》触れましたが、アチソン米国務長官は同年1月に韓国と台湾はアメリカの防衛線の外にあると明言しました。しかしこの時毛沢東は台湾に侵攻しなかったのです。戦争が勃発したのは朝鮮半島でした。金日成が6月になって38度線を突破し韓国に奇襲攻撃を行い、１９

53年7月に38度線のラインで休戦協定が締結されるという無益な戦争が続いたのです。以後、北朝鮮はディープステートによって「ならず者国家」に育て上げられました。時にはアメリカ政府と激しくやりあう北朝鮮ですが、このようなことが可能な理由は北朝鮮の背後にディープステートが控えているからです。北朝鮮とディープステートとの緊密な関係を理解するには、金王朝の家族がスイスに留学している事実を指摘するだけで十分と言えるでしょう。

前述したように、ウクライナを北朝鮮と同様のトラブルメーカーに育て上げたのもディープステートでした。2014年以降のウクライナは北朝鮮化させられ、世界でトラブルを起こす先兵となり果てました。いわば、超過激暴力集団であるイスラム国と類似の役割を期待されているわけです。

日本の霊性はどこへ行った

本書第4章「日本の霊性が世界を救う」において、トランプ大統領やプーチン大統領の反グローバリズム運動と連携するために、わが国はユダヤ・キリスト教的破壊文明と決別して伝統的な君民一体の國体の精神を取り戻すべきであることを訴えました。しかし、残念なことですが、2年後の現在私たちは伝統的精神に目覚めるどころか、益々漂流するようになっています。

その元凶は岸田首相にあります。岸田首相は安倍元総理と真逆の道を選択しました。即ち、日本の国益を主張せずただひたすらアメリカのディープステートの意向に従うという国政運営です。アメリカは見返りに岸田首相の政治生命を保証してくれたばかりか、首相としての功績すら約束してくれたようにも感じられます。アメリカで何が起こっているかを客観的に分析することすら放棄し、アメリカを疑うようなことは一切考えないことをもって良しとする岸田流安全保障哲学が実を結ぶことになるのか大いに疑問ですが、問題は多くの国民が岸田首相の姿勢を支持していることです。積極的な支持と言わなくとも、国民全体が何も考えずにただひたすらアメリカに捨てられないように縋《すが》りつくという、いわば一億総能天気に陥っているように感じられてなりません。首相に倣《なら》って政治家や経済人や言論人や国民全体が無思考という居心地の良い催眠術にかかりながら、その事実にすら気づいていないのです。従順な羊のような国民を待ち受けているのは日本の自壊です。このような精神麻痺の状態にある私たちが、世界の大調和を実現するために貢献できるはずがありません。ディープステートが企むハルマゲドンは、私たち日本人にとっては日本民族の生き残りをかけた最後の戦いということも可能です。このまま座して死を待ちますか、それとも世界の師表として輝く道を選びますか、今覚醒しなければ手遅れです。日本人の魂を信じてワックBUNKOのまえがきとします。

馬渕睦夫

令和5年（ハルマゲドン3年）4月吉日

ディープステート

世界を操るのは誰か

◉目次

第2章 ディープステートが操った戦争と革命 …… 63

第4章　日本の霊性が世界を救う……201

装幀／須川貴弘（WAC装幀室）

この本は2021年6月26日発行の『ディープステート　世界を操るのは誰か』を加筆修正し、ワックBUNKOにしたものです。

影の世界権力の欺瞞を暴く

「私たちが起こした運動は今始まったばかりです。国家が市民に奉仕するという信念は衰えるどころか日々ますます強くなってゆくばかりです。私たちが国家への深く献身的な愛情を持ち続ける限り、アメリカが成し遂げられないものは何もありません。私たちの未来はこれまでにも増して輝くでしょう。私はこの壮麗なる場所から立ち去りますが、忠誠心と喜びにあふれた心、楽観的な精神、そしてわが国と子供たちのために最良の時代はこれから訪れるという至高の信念を持って、立ち去ります」

アメリカ第45代トランプ大統領は2021年1月19日、この別れのスピーチと共に、4年間を過ごしたホワイトハウスから凛《りん》として去っていきました。このスピーチは歴史に残る名演説であると歴史家は記録することでしょう。トランプ氏の「アメリカ・ファースト、各国ファーストの世界観」と「建国の精神を重んじる国家観」が集約されていますが、私は改めてなぜトランプ氏が大統領を目指したのかに納得できました。ビジネスマンとして成功した半生に対しアメリカが与えてくれた過分の恩義に恩返しをしたいとの動機からだったのです。だからこそ、トランプ大統領は敢《あ》えて困難な道を選んで、自分に期待してくれたアメリカ人のために尽くそうと決意したわけです。特定の利害関係者ではなく、アメリカという国家にとって善なることを遂行することが、国民に奉仕するために国家が存在する原則であるからです。私たちが教科書で習ったリンカーン大統領のゲティスバーグ演説「人民の人民による人民のための政府」を彷彿《ほうふつ》させます。

また、ケネディ大統領の就任演説にある「国家が諸君に何を成すかを問うのではなく、諸君が国家に何をなすべきかを問いたまえ」との格調高いフレーズを思い出します。国民が国家に対する愛情を持っているからこそ、トランプ大統領はその付託に応えてアメリカ・ファーストの政策を推進してきたのです。

このような功績を挙げたトランプ大統領は何故ホワイトハウスを去らねばならなかったのでしょうか。何故、トランプ氏はアメリカの未来を信じる言葉を残して退くことができたのでしょうか。トランプ氏が私たちに与えてくれたのは何だったのでしょう。これらの疑問に答えようとしたのが本書です。

お読みいただければ理解されると思いますが、トランプ氏はまだ負けていないのです。それどころか、トランプ氏が火をともした松明《たいまつ》はアメリカ国民のみならず、世界のピープルに受け継がれました。トランプ氏は物理的にはホワイトハウスを去りましたが、アメリカ政治の舞台からは決して下りていません。それどころか、フロリダのオフィスからアメリカ国民を鼓舞し続けています。トランプ氏を失って初めて国民は彼の政治哲学の偉大さに気づいたのです。ひょっとすると、これこそトランプ大統領が敢えて戒厳令に頼らずアメリカ国民を覚醒させる最も効果的な方法であると確信していた理由かもしれません。

トランプ大統領は2020年11月3日の大統領選挙に地滑り的勝利を収めました。何よりも、一般投票で獲得した現職大統領として史上最高の7400万票が、トランプ氏に対する国民の熱烈な支持を如実に表しています。それにもかかわらず、なぜトランプ大統領は再選されなかったのか。その理由を本書で明らかにします。それを知ることによって、読者の皆様は過去100年にわたり私たちの眼から隠されていた世界の秘密を知ることになるのです。世界を陰から支配する勢力（ディープステート）は、確かに存在しています。読者の皆様は彼らが書いた歪んだ歴史に洗脳されてきたことを知って、驚かれることと思います。本書は影の世界権力の欺瞞を暴く目的で書かれました。私たちが覚醒することによって、今後の世界大動乱期を生き延びることができると信じるからです。これから皆様とともに、生き残りの道を求めて旅に出たいと思います。

馬渕睦夫

令和3年（ハルマゲドン元年）5月吉日

序章

アメリカ大統領選挙が暴いたディープステートの陰謀

大統領選挙はまだ終わっていない

２０２０年11月3日に行われたアメリカ大統領選挙において、現職のトランプ大統領が圧勝しました。しかし、２０２１年1月20日の大統領就任式で宣誓したのは、大敗した民主党のバイデン候補でした。首都ワシントンを埋め尽くした州兵が警戒に当たる厳戒態勢の下で挙行された就任式は、まるで葬儀を思い出させるような生気のない式典でした。ＴＶで生中継されていましたが、その映像を見た私は犯罪帝国に変質したアメリカのおぞましい現実を感じ取って、世界が根本的に変わってしまったことを実感しました。世界の民主主義を牽引してきたはずのアメリカにおいて不正選挙というクーデターが起き、その不正義が正されないままにクーデター政権が発足したことは、アメリカはもはや民主主義国でもなく、自由な共和国でもないことを世界に証明することになりました。世界は1月20日を期して変わりました。アメリカの正体が白日の下に晒《さら》されたからです。アメリカは民主主義国でも、言論が自由な国でも、二大政党の国でも、三権分立の国でもなかったことを目の前に突き付けられたのです。ショックを受けない人の方が異常です。ところが、ショックを受けるどころか、アメリカの正体を隠蔽《いんぺい》しようと躍起になっているのがメディアです。

アメリカの主要メディアは不正がなかったとして、大勝したにもかかわらず引きずり下ろされたトランプ大統領を誹謗中傷《ひぼうちゅうしょう》する有様で、このようなアメリカ・メディアの姿勢がわが国はじめ世界のメディアの主流となってしまいました。なぜ、こんなわかり切った不正が隠蔽《いんぺい》される事態になってしまったのか。それを検証することは、現在の世界の権力構造を理解することに繋《つな》がります。

今回の大統領選挙を振り返れば、不正選挙の実態を知らされていなくとも素朴な疑問につきあたります。78歳と高齢で、コロナ禍の影響下にあったとはいえ事実上ほとんど選挙遊説をせず、偶《たま》に行っても数十人しか人が集まらないほど人気のないバイデン候補が、なぜ報道されているように7800万票と史上最多の票を得たのかという問いかけです。他方、トランプ大統領は報道ベースでも7400万票を獲得しましたが、これはオバマ元大統領の二期目の得票を1000万票も上回る数字でした。現職の大統領として史上最高の票を得たのです。それよりもバイデン候補が上回ったとは、常識的に考えられないことです。残念ながら、この常識的な疑問にバイデン勝利を認定するメディアや言論人は誰も答えてくれません。

不正選挙の実態に関しては、既に様々な情報が明らかになっていますが、念のためにまとめますと、コロナ禍を口実とした郵便投票の不正（11月3日より後の到着分も認めたり、本人確認を行わなかったため死者の投票や偽投票用紙による投票までがカウントされた。これらの票のほとんどがバイデン票）、及びドミニオン社の集計機器に外部からのアクセスを可能にするアプリが埋め込まれ、外国などからアクセスしてトランプ票からバイデン票へ付け替えが行われたことに大別されます。いずれのケースにおいても、関係者から宣誓供述書を以て内部告発が行われています。

また、リアルタイムで票の動向を調査しバイデン票が4日になって異常なジャンプを示した例や、トランプ票が削減され、その分バイデン票が増加した証拠もあがっています。

トランプ大統領は早くからこのような不正の危険を察知していた模様で、11月3日の段階でも決着は法廷闘争に持ち込まれるとコメントしていました。トランプ氏は自らの勝ち負けも然《しか》ることながら、合法的な選挙が行われたか否かにこだわったわけです。従って、不正をただすやり方にも法に則した方法を選びました。最終決戦の場は、2021年1月6日の上下両院合同会議で各州選挙人投票の信認でした。既に、問題州における不正は明らかになっていましたので、たとえ当該州の選挙人がバイデン候補に投票していても合同会議議長のペンス副大統領の憲法上の権限で拒否することは可能でした。しかし、ペンス副大統領はこの権限を行使せず、不正州の結果についての異議申し立てはありましたが、いずれも審議の結果、退けられて、バイデン候補の勝利が承認されたのです。

加えて、当日トランプ大統領の呼びかけに応じてワシントンに集まった100万人を超える支持者のデモ隊の過激分子とされる一部が審議中の議事堂に乱入する騒ぎがあり、トランプ大統領がこれを扇動した結果だとメディアや民主党さらに共和党の一部から非難される事態になりました。実は、議会に突入したのは反トランプの過激団体アンティーファのメンバーであることが明らかになっています。トランプ支持者を装いトランプの名誉を失墜されるために仕組まれた偽旗作戦《にせはたさくせん》でした。

しかし残念なことに、この事件の結果、共和党のテッド・クルーズ上院議員が提案した「選挙結果を検証する委員会の設置」が共和党の多数の反対もあって否決され、ここにバイデン候補の当選が承認されることになったのです。

「目に見えない統治機構」としてのディープステート

足早に2020年11月3日から2021年1月6日までの経緯を辿《たど》りましたが、前述の根本的な疑問に答えなければなりません。今回の選挙不正を検証すれば、アメリカの闇の勢力の存在が浮かび上がってくるのです。以下、歴史的視点をも含め検証してゆきますが、トランプ大統領の数ある功績の一つが、アメリカを支配してきた闇の勢力、すなわちディープステートの存在を目に見える形で私たちに明らかにしてくれたことにあります。1928年に、かつてウィルソン大統領直属の「広報委員会」の有力メンバーであったエドワード・バーネイズが「アメリカにおいては、国民の持つべき意見を陰からコントロールする『目に見えない統治機構』が存在しており、アメリカの真の支配者として君臨している」と豪語しました（『プロパガンダ』成甲書房、2010年）。これから「目に見えない統治機構」の成り立ちに迫りたいと思います。とはいえ、特別の秘密情報に基づくものではありません。これから検討するのは全て公開情報に基づいています。ディープステートの存在は公開されているにもかかわらず私たちが今まで見抜けなかったわけは、ディープステートの手先であるメディアに洗脳されていたからです。見破ってしまえば、彼らは退散するしかないのです。

第1章
ディープステートとは何か

不正選挙で大統領にしてもらったウッドロー・ウィルソン

ディープステートがアメリカに地歩を築いたのは、ウィルソン大統領の時代でした。私たちが教科書で学ぶウィルソン大統領像は大変歪《ゆが》められています。理想主義を掲げて世界に民主主義を広めた指導者と言われるウィルソン大統領は、実はアメリカをディープステートに売り渡した張本人でした。残念なことに、本人にその自覚がなかったことが、アメリカをディープステートの餌食《えじき》にしてしまったのです。ディープステートとはなにかを論じるに当たって、どうしても第28代大統領ウッドロー・ウィルソンから始めなければならない所以《ゆえん》です。

ワシントン政治のアウトサイダーだったウィルソン・ニュージャージー州知事に1912年の大統領選挙の民主党候補として白羽の矢を立てたのは、米金融の聖地ウォール街の大富豪バーナード・バルークでした。ところが、私たちの歴史教科書には彼の名前はほとんど出てきません。ユダヤ系ドイツ移民のバルークこそ、第1次世界大戦から第2次世界大戦にかけてアメリカの影の大統領として君臨した人物であるにもかかわらずです。バルークは第1次世界大戦中にアメリカのみならず連合国の戦争物資調達を事実上一手に差配し、また戦後処理を話し合ったベルサイユ講和会議に、ウィルソン大統領の経済顧問として参加した経歴があります。その後も、フランクリン・ルーズベルト大統領の側近として影響を及ぼし、またチャーチル英首相とも深い関係にありました。

このような政商でもあるバルークに代表されるウォール街の国際金融家たちが、1912年の大統領選挙で現職のウィリアム・タフト大統領を代えなければならないと決意した理由は、タフト大統領のロシア政策でした。

当時のロシアではニコライ2世の統治に対する民衆の不満が高まっており、帝政転覆の革命機運が熟しつつありました。ウォール街のユダヤ系国際金融家やユダヤ人国家の樹立を目指すシオニスト勢力は、ロシア革命運動に対するアメリカ政府の支持を期待していたというわけです。しかし、タフト大統領は彼らの願望に冷淡でした。ところで、なぜ彼らがロシアの革命運動を支援しようとしたかと言いますと、ロシアの革命家たちの大宗《たいそう》はユダヤ人だったからです。ロシアに住むユダヤ人はニコライ2世のユダヤ人抑圧政策に反旗を翻《ひるがえ》して、ロシア国民の生活不満につけ込みながら暴力テロを繰り返していました。世界に散らばって住むユダヤ人にとっては、虐《しいた》げられているユダヤ人を見ると連帯感が高まる傾向があることを、イギリスの高名な歴史家ポール・ジョンソンも指摘しているほどです（『ユダヤ人の歴史』徳間書店）。一般的な連帯意識に加えて、これら金融資本家たちはロシアという広大な国家を支配する誘惑に駆られたのです。それには、世界の強国に躍り出ていたアメリカの支持が必要でした。

問題は、政界で無名のウィルソンが当選する可能性は極めて低いことでした。そこで彼らはタフト大統領の基盤である共和党の分裂を図ったのです。彼らは前大統領のセオドア・ルーズベルトの担ぎ出しに成功し、彼は第三党のアメリカ進歩党を結成して大統領選挙に名乗りを上げました。彼がなぜこのような暴挙に出たかはまだ十分明らかになっていませんが、バルークたちに買収されたと言われています。あたかも、今回の大統領選挙において共和党議員の多くがディープステートに買収されていたことを彷彿《ほうふつ》とさせる出来事です。

このように、選挙は現職タフト、民主党候補ウィルソン、進歩党ルーズベルトの三つ巴の戦いになりましたが、共和党票が分裂した結果ウィルソンが勝利しました。一般投票数を見ると、ウィルソンの42パーセントに対し、ルーズベルト27パーセント、タフト23パーセントでした。反ウィルソン票が全体の50パーセントだったことは、もし共和党が分裂していなければウィルソンが大敗していたことになります。いわば、大敗したウィルソンが大統領に就任できたのです。歴史は繰り返すのかもしれません。ウィルソンはこのような「不正選挙」によってかろうじて当選したと言えるのです。

1916年の再選時にも不正が

1916年の大統領選挙にウィルソンは再選を目指して出馬しました。結果はウィルソンが僅差で再選されたのですが、今回も共和党有力議員の裏切りに助けられた形になりました。共和党の上院議員で、前カリフォルニア州知事のハイラム・ジョンソンがカリフォルニア州での共和党チャールズ・ヒューズ候補の選挙運動に協力しなかったためです。その理由は必ずしも定かではありませんが、自負心の強いジョンソンがヒューズ候補から軽視されたことを逆恨みして、カリフォルニアでの選挙運動の足を引っ張ったと言われています。その結果、ウィルソンが僅差でカリフォルニア州を制し、13人の選挙人を獲得したというわけです。最終的には全米におけるウィルソンの獲得選挙人数は277票、ヒューズは254票でした。もし、カリフォルニア州の票がヒューズに流れていたら、ヒューズ267票、ウィルソン264票でヒューズが大統領選挙に勝利していたことになります。

二期目のウィルソンは1917年4月に第1次世界大戦に参戦しました。参戦の理由は枢軸国オスマントルコの支配下にあったパレスチナの地にユダヤ人国家樹立を約束したイギリスを助けるためでした。ウィルソンの後ろ盾だったユダヤロビーの圧力に屈したことによります。もし、ヒューズが勝っていたらアメリカの参戦はなかったことでしょう。その意味で、ハイラム・ジョンソンは国是《こくぜ》を破ってアメリカをヨーロッパの戦争に参加させた影の戦犯と言われても仕方ないでしょう。

なお余談ですが、私たちはハイラム・ジョンソンの名前を忘れてはなりません。歴史教科書にあまり詳しく登場しませんが、ジョンソンがカリフォルニア州知事であった1913年に、「外国人土地所有禁止法」を成立させたからです。ジョンソンはカリフォルニア州における日本人排斥運動の中心的人物でした。

ウィルソンの大罪その1——FRBの成立

ディープステートはウィルソンを使って長年の夢を実現しようと奮闘します。アメリカ建国以来の彼らの狙いは、アメリカの金融を握ることでした。金融を握るとは、具体的には通貨を発行する中央銀行を設立することです。中央銀行という名前を聞くと、私たちは国立の銀行、あるいは何らかの公的な銀行と思いがちです。しかし、実態は全く違います。中央銀行とはイギリスのロンドン・シティなどの国際銀行家が株主となる民間銀行なのです。通貨発行権を独占することは、当該国の経済を支配することと同義なのです。それどころではありません。ロスチャイルド家の初代当主として名高いマイヤー・アムシェル・ロスチャイルドは「自分に通貨発行権さえ与えてくれれば、法律は誰が作っても構わない」と豪語したと伝わっています。言い換えれば、法律を制定する立法府でさえ通貨発行者の言うことを聞くことになるという確信でもあります。さらに敷衍《ふえん》すれば、司法でも彼らの意思に従わざるを得なくなるという自信の表明でもあります。

この格言に従い、アメリカにおいて彼らの最初の中央銀行は1791年に第一合衆国銀行として結実しました。株式の80パーセントをロンドン・シティを中心とする国際銀行家たちが握り、アメリカ政府は20パーセントのみでした。20年の認可期間が終了した

1811年に議会において1票差で更新が否決されました。すると翌年、英米戦争が勃発したのです。戦費が膨らんだアメリカは国際銀行家に膝を屈して、同じ条件の下、第二合衆国銀行を承認せざるを得ませんでした。1816年のことです。そして20年後にまた更新問題が起こりましたが、時のアンドリュー・ジャクソン大統領は、国際銀行家たちの圧力や脅迫にもかかわらず、あくまで更新を認めませんでした。そのため、ジャクソンは暗殺のターゲットになった最初の大統領になったのです。幸い不発弾のため未遂に終わりましたが。以降、アメリカでは中央銀行不在の状態が続くことになったのです。この間、彼らはなんとか中央銀行を認めさせるために様々な手を尽くしますが、ウィルソン大統領を得て100パーセント彼らが株主である中央銀行のFRB（連邦準備制度理事会）の設立に成功しました。彼らは抵抗が予想される議会審議を謀略的方法で乗り切ったのです。FRB法案の連邦議会における審議は、1913年のクリスマスイブ前日の12月23日、クリスマス休暇で多くの議員が故郷に帰っていた不在中に、ほとんど審議されずに議会を通過しました。これを受けて、ウィルソン大統領が直ちに署名してFRB法が成立したのです。

FRBが設立された結果、連邦政府はドルが必要な時その分の国債を発行して、FR

Bにドルを発行してもらうことになりました。つまり、FRBに借金するわけです。お分かりのように、FRBは労せずして半ば永久的に儲けることができるのです。アメリカ・ドルの発行権を得たことがディープステートの陰の支配を可能にしたわけです。

彼らの陰謀を暴いたアメリカの高名な歴史学者がいます。クリントン大統領が師と仰いだキャロル・キグリーは『悲劇と希望』（未訳）のなかで、「世界の政治経済を制覇するために、民間の手による世界金融支配システムを創造することを目指す金融資本家たちの国際的ネットワークが存在する」と喝破《かっぱ》しました。これが「ディープステート」の中核といってもいいでしょう。FRBの株主が民間人であることの必然性がお分かりいただけたと思います。そして、彼らの国際ネットワークとは各国の中央銀行であることが理解されます。

ここで、有力な国際銀行家の一人デビッド・ロックフェラーに語ってもらいましょう。彼は回顧録（『ロックフェラー回顧録』新潮社）の中で、ロックフェラー家がアメリカの政治経済制度に大きすぎる影響を及ぼしたことを非難する者たちに反論して、「ロックフェラー一族と自分は、世界中の仲間と共により統合的でグローバルな政治経済構造、つまり一つの世界を構築するため努めてきた国際主義者だ」と堂々と告白しているのです。キグリーの指摘を明確に裏付けています。

ここで注意すべきは、ネットワークという用語です。ロックフェラーも世界中の仲間たちと言っています。つまり、ディープステートには特定の本部建物があるわけではなく、課題に応じて世界の仲間が集まって必要な決定を行っていることが想像されるのです。日頃のメディアのニュースからもその一端をうかがうことができます。例えば、G7やG20の会合では首脳会議に加えて関係大臣会合が行われるのですが、外相会談や貿易大臣会合とならんで、財務大臣・中央銀行総裁会議が行われます。この会議の場合、なぜ財務大臣と中央銀行総裁が並んで出席する必要があるのでしょうか。答えは中央銀行総裁が財務大臣の指揮下にないからです。民間人の中央銀行総裁が、政府の財務大臣と共に会議に出席しているわけです。このような会議一つとっても、中央銀行の特別な地位がお分かりいただけると思います。いわば、中央銀行総裁は財務大臣と同格なわけです。

もう一つのキーワードは国際主義者です。ロックフェラーの世界の仲間たちは国際主義者なのです。ディープステートは国際主義者の集まりとも言えます。国際主義者の実態については、後に詳しく論じることにします。

マネーが市場を支配する

通貨の重要性について、ディープステートの広告塔の一人で、ヨーロッパのキッシンジャーとも称されるフランス系ユダヤ人のジャック・アタリは最近の著書の中で市場と国家の戦いに触れ、「いずれは国家も民営化される」と自信ありげに予言しています。彼は『21世紀の歴史』（作品社、２００８年）の中で、21世紀初頭の世界は「市場の力が世界を覆っている」として、「マネーの威力が強まったことは個人主義が勝利した究極の証であり、これは近代史における激変の核心部分でもある。行き着く先は、国家も含め、障害となるすべてのものに対して、マネーで決着をつけることになる」と喝破しました。この短い文章の中に、ディープステートが何故民間の中央銀行を必要としたのかが如実に見て取れます。

市場が世界に君臨しており、その市場はマネーを操る個人（民間人）が支配しているというのです。つまり、マネー発行銀行たる中央銀行株主として国家を超える権限を独占する彼ら国際銀行家達が市場の支配者であり、地球の支配者であると明らかにしているのです。だから、彼らの利権に逆らった国家はいずれ民営化されることになると脅迫しているわけです。

この脅迫を詳しく示したのが、2010年に書かれた『国家債務危機』（作品社、2011年）です。アタリは、西側諸国全体が「国家と市場が睨《にら》み合う一触即発の危険領域に足を踏み入れた」として、国家（政府）は債権者、つまり国際銀行家たちの思考・戦略・懸念を熟知することが非常に重要であり、「市場の共感によってこそ、国家のサバイバルは可能になる」といわば最後通牒を叩きつけているのです。要するに、今後多額の債務を抱える国家が存続できるか否かは、市場（債権者たる国際銀行家達）の意向次第だという恐れを知らぬ脅迫に聞こえます。

そう言われてみれば、今回の大統領選挙においてアメリカ国民の利益のために国家が多額の債務を負っているディープステートの利権に挑戦してきたトランプ大統領が、不正選挙というクーデターでホワイトハウスを追われたのを予言するような脅迫にも受け取れます。

同時にアタリは、近代史の秘密を明かしています。その秘密を読み解けば、私たちが自らの幸福を実現するために何をなすべきかが明白になるのです。アタリはさりげなく述べているのですが、それだけに私たちもその隠された秘密に気づけないでいるのです。彼は、「国家の歴史とは債務とその危機の歴史である。歴史に登場する様々な国家は債務によって栄え、債務によって衰退してきた」との歴史観を明らかにしています。

読み過ごす危険がある一節ですが、秘密はこの文章を裏返したところに隠されています。

つまり、「国家の歴史とは、国家に金を貸す者の歴史である。国家に金を貸す者の意向で国家は栄え、また彼らの意向で国家は衰退してきた」という世界の秘密なのです。国家に巨額の融資ができる者こそ国際銀行家たちです。その前提が国家（政府）は自ら通貨を発行できないことです。彼らが発行させないのです。だからこそ、通貨発行権限を独占する彼らが、国家の運命を握っていることが可能になっているわけです。もし、私たちが彼の文章の真意を見抜くことができれば、「世界を陰から牛耳るものが存在すると唱えることは陰謀論で根拠がない」という批判が間違っていたことに気づくはずです。今私たちに求められているのは、彼らの世界支配の秘密を見破ることです。それが、彼らとの知恵比べに勝つことに繋がります。

ウィルソンの大罪その2――脅迫による最高裁判事の任命

「通貨発行権さえ手に入れれば後は求めない」と大見えを切ったからと言って、ディープステートが他の分野に関心を持たなかったわけでは決してありません。アメリカは訴訟社会とも言われますが、彼らの次のターゲットは最高裁判所判事のポストでした。このポストは大統領が指名し、議会が承認する手続きになっています。ウィルソン大統領はウォール街のユダヤ人辣腕《らつわん》弁護士サミュエル・ウンターマイヤーの脅迫に屈して、最高裁判事に空席が生じた際は彼の推薦する人物を指名することを約束させられました。ウンターマイヤーはFRB法の議会通過に尽力したディープステートのフィクサーと言える人物です。脅迫とはウィルソンの不倫スキャンダルです。プリンストン大学の総長時代に親しくしていた婦人へ出した手紙を高額で買取るよう強要し、大金を工面できないウィルソンはカネと引き換えに最高裁判事人事で妥協したわけです。

さて、その時は1916年にやってきました。ウンターマイヤーは空席が出た最高裁判事の後任にクーン・ローブ商会の顧問弁護士ルイス・ブランダイスを推薦してきました。クーン・ローブ商会は日本にも馴染《なじ》みがあるヤコブ・シフが共同代表を務めるウォール街の有力投資会社です。ブランダイス、ウンターマイヤー、シフは皆仲間だったのです。かくして、ブランダイスは連邦最高裁判所の最初のユダヤ系判事に就任したのです。大統領を脅迫する実力を持ったウォール街の弁護士や金融資本家が送り込んだブランダイスがディープステートの代弁者として行動することは火を見るより明らかでした。弁護士とは法律を遵守する高潔な職業という思い込みが幻想であることをお分かりいただけたと思います。

ブランダイスのもう一つの顔は、アメリカのシオニズム運動（ユダヤ人の民族国家をパレスチナに樹立することを目指す）の指導者であったことです。この事実が、後にアメリカの第1次世界大戦参戦に繋がることになるのです。脅迫という不正、犯罪行為によって最高裁判事の席が買収されたとも言え、法の番人であるべきはずの裁判所もディープステートの圧力には弱いことを証明するエピソードと言えます。今回の大統領選挙不正訴訟を巡る裁判所の消極的態度を見れば、ディープステートの支配が最高裁や各種裁判所まで及んでいることが改めて証明されたと言えます。

なお、ブランダイスに続き最高裁判事に就いた2人目のユダヤ人はベンジャミン・

カードーゾでしたが、彼の死後ブランダイスの甥でフランクリン・ルーズベルト大統領の側近でもあったフェリックス・フランクファーターが任命されました。既にこの当時から最高裁の9人の判事のうち2人がディープステートの代理人だったのです。彼らを送り込んだ効果は、ニューディール関連法案審議の際に遺憾なく発揮されました。

ニューディールとはフランクリン・ルーズベルト大統領が1929年のニューヨーク株式大暴落に端を発する大恐慌に対処するため掲げた政策ですが、様々なニューディール法案を作成したのは主としてユダヤ系の弁護士でした。これら法案の多くは社会主義的性格を有しており、憲法に抵触するとして、しばしば最高裁で争われ違憲とされたものもありましたが、彼らは全てに合憲の判断を下したわけです。お分かりのように、ルーズベルト大統領の代名詞にもなっているニューディールは、ユダヤ系弁護士が立案し、ユダヤ系最高裁判事が合憲とした代物だったのです。

ウィルソンの大罪その3――大統領広報委員会(CPI)

先にエドワード・バーネイズの『プロパガンダ』を紹介しましたが、彼がこの本を書く下敷きになったのがウィルソン大統領直轄の広報委員会（ＣＰＩ）での経験でした。広報とはパブリック・インフォメーションの訳ですが、実態は国民に情報を与えることではありません。国民を洗脳することが目的でした。第１次世界大戦への参戦に強く反対していたアメリカ国民を参戦賛成に誘導する狙いがあったのです。

そのために、ドイツ兵が占領地で子供を銃剣で突き刺したり、女性の腕を切断したり、妊婦の腹をかき割って殺したり、などなど虐殺の限りを尽くしているとの嘘をアメリカ国民にばらまきました。これを受けて、ドイツ討つべしとの機運が高まったことは言うまでもありません。

バーネイズはＣＰＩのメンバーとしてこのような嘘の宣伝に従事しました。その彼は後にアメリカで広告王と言われるほどに、広告業界のドンとして活躍したのです。広告に隠された一面を垣間見ることができます。バーネイズと並んで活躍した人物が私たちにもよく知られるウォルター・リップマンです。後に、ピューリッツァー賞を二度も受賞するなどジャーナリストとして不動の地位を築いたリップマンは、「民主主義は幻想だ」と言い残していますが、世論というものは簡単に操作できることを身をもって経験したからでしょう。ウィルソン以降アメリカのメディアは名実ともにディープステートの代弁者になったと言えます。

それよりも重要なことは、ＣＰＩ以前にメディアに対するディープステートの進出は始まっていたことです。ディープステートは早くから通信に非常に関心を持っていました。なぜなら、彼らがビジネスを有利に展開する上で必要な情報をいかに早く手に入れるかが、勝負の分かれ目になったからです。情報入手の速さが巨万の富を蓄積するきっかけとなったことを示す興味深いエピソードがあります。

１８１４年、ナポレオン戦争の雌雄を決するワーテルローの戦いが始まりました。フランスのナポレオンが勝つか、それともイギリスのウェリントン将軍が勝つか。その行方をかたずをのんで見守っていたのが、ロンドン・シティの国際金融家ネイサン・ロスチャイルドでした。彼は伝書鳩や飛脚や狼煙《のろし》など様々な手段を講じて、勝敗の情報を誰よりも早く入手しようと努めました。そしてウェリントン勝利の報を摑んだのです。そこで彼はロンドンの証券取引所に出向き、憔悴《しょうすい》した表情を見せながらイギリスの戦時公債を一挙に売りに出したのです。その様子を伺っていた投資家たちはイギリスが負けたと信じ一斉にイギリス公債を売りに出したので、当然のことながら公債は紙くず同然になりました。そこで、ロスチャイルドは暴落した公債を買い占めたのです。そこへ、ウェリントン勝利の報が入り、公債は暴騰しました。この取引でロスチャイルドはヨーロッパ随一の富豪に躍り出たのです。情報が勝利をもたらしたわけです。

世界の情報をいち早く伝えたロイター通信社

ジャック・アタリ（『ユダヤ人、世界と貨幣』作品社）や先に言及したイギリスの歴史家のポール・ジョンソン（『ユダヤ人の歴史』徳間書店）は、ユダヤ人が世界に先駆けて19世紀の半ばには通信分野に進出していたことを強調しています。ユダヤ人がコミュニケーション産業の創始者であるというのです。中でも特筆すべきは、イスラエル・ベア・ヨセファート、後のユリウス・ロイターです。私たちにも馴染みが深いロイター通信社の創設者です。ロイター社は後にロスチャイルドに買収されました。現在の世界情勢は簡単に言えば、ロイターが流しイギリスのＢＢＣ放送が取り上げれば、それで世界の流れが決まってしまうと言っても差し支えないでしょう。ロイターのほかにも世界的通信社としてＡＰやＡＦＰなどを挙げることができますが、これらの通信社が誰に所有されているか、いわずとも明白であることがお分かりいただけると思います。

彼らは通信社を握り、新聞社を傘下に収め、さらにラジオ・TVを所有しました。通信という視点から見て世界史的意義を持つ出来事は、グリエルモ・マルコーニによる無線電信の発明です。イギリスのロスチャイルドはこの発明に目をつけ、マルコーニ社を買収してアメリカにRCA（Radio Corporation of America）という支社を設立し、ロシア系ユダヤ人のデビッド・サーノフを支社長として送り込みました。このサーノフがアメリカのラジオとTV放送の実権を握ることになるのです。NBC、ABC、CBSの三大ネットワークはサーノフの手によるものです。

このうち、CBSはバーネイズのいわば弟子筋に当たるユダヤ系のウィリアム・ペイリーがラジオやTVを通じ世論の洗脳にあたりました。また、ニューヨークタイムス、ワシントンポストなど主要紙もユダヤ系が所有し幹部もユダヤ系で占められています。ということは、私たちが日々接するニュースというものは、事実上全て彼らが取捨選択し、解釈を施した結果の産物なのです。トランプ大統領は、アメリカ主流メディアのこれらニュースをフェイクニュースと糾弾し続けました。虚偽のニュース、つまり彼らの特定の利益に資するように加工されたニュースなのです。このように、メディア分野でも国際的ネットワークが存在しているのです。

イギリスでも第1次大戦参戦を扇動したバーネイズとリップマン

先に、バーネイズとリップマンがＣＰＩのメンバーとしてアメリカ人を対独参戦に誘導したことをお話ししましたが、その前に彼らはイギリスにおいて対独参戦に世論を誘導する工作に従事していました。タビストック研究所という社会行動研究機関がイギリスのロンドンにあります。表向きは社会行動ということになっていますが、実態は精神分析学者ジークモント・フロイトの集団心理学を活用して大衆をいかに洗脳するかを研究する世論操作機関と言えます。

バーネイズはフロイトの甥にあたります。バーネイズがフロイトの精神分析を学んで世論操作に応用したというわけです。フロイトの心理学は一言で言えば「人間の無意識の中に入り込んで人間をコントロールする」ということになりますが、この理論に従い「大衆というものは自分で考えるのではなく、自らの手本となる存在の意見に従って行動する」との前提で各種洗脳が行われたのです。第1次大戦直前に二人はこの研究所で共に働きました。

その効果があったのでしょう、1914年、イギリスはドイツに宣戦布告しました。次の課題はアメリカを参戦させることです。彼らがウィルソン大統領直轄のCPIに呼ばれたのは決して偶然ではありません。イギリスにとってドイツに勝利するためにはどうしてもアメリカを参戦させる必要があったのです。アメリカ大統領を裏で説得にあたったのは最高裁判事のブランダイスですが、この間の事情については後に触れることにします。

映画にも注意を

では、私たちはニュースを注意していれば洗脳から免れるのでしょうか。決してそうではありません。ある意味ニュースよりも見えにくいのが映画などの娯楽産業です。ハリウッドが有名ですが、ユニバーサル、フォックス、パラマウント、ワーナー・ブラザーズ、MGM、RCA、CBSといった主要な映画会社は全て東ヨーロッパ系のユダヤ人移民が作ったものであると、ジャック・アタリは前掲書の中で誇らしげに述べています。第2次大戦へのアメリカの参戦には、ハリウッド映画の影響を無視することは出来ません。チャールズ・チャップリン監督の反ナチ映画『独裁者』が有名です。このような映画産業の危険に気付いていたアメリカ人の一人がチャールズ・リンドバーグ大佐です。リンドバーグはアメリカを襲っている最大の脅威は、映画産業におけるユダヤ人の影響であると警告しています。第2次大戦後、ハリウッドがポリティカル・コレクトネスを世界に拡大する一翼を担ってきました。

特にアメリカ国民に向けては、正義の役どころに黒人俳優を起用することにより、黒人の地位向上に貢献するとともに、悪役に白人俳優を頻繁に使うことによって白人の方が凶暴だという印象を与える映画をよく見かけます。また、依然として反ナチズムや反ヒトラー映画が作られていますが、ヒトラーやナチスが人類最大の巨悪であるとの刷り込みを延々と続けることによって、ユダヤ人が被害者であったことを私たちの記憶に残そうとしているのです。私たちは単なる娯楽として映画を鑑賞する傾向にありますが、その背景に洗脳工作が隠されていることに注意をする必要があります。娯楽を通じる洗脳もフランクフルト学派の批判理論に基づく文化侵略の一環なのです。

リップマンの正体

ところで、リップマンの経歴を見るとディープステートの正体を垣間見ることができます。イスラエルで発行された『ユダヤ人名事典』(未訳) によれば、リップマンはウィルソン大統領の側近であった頃は社会主義者であった、後にリベラリストになり、最後はネオコンとして生涯を終えたとされています。そうすると、リップマンは左から右へと思想遍歴を重ねたと受け取られがちですが、実は一貫しているのです。人名事典によれば、リップマンは終生国際主義者だったのです。

つまり、社会主義者も、リベラリストも、ネオコンも共通項は国際主義なのです。ディープステートのメンバーは一貫して国際主義者、現在の用語で言えばグローバリストなのです。先に、デビッド・ロックフェラーが自分は国際主義者だと告白しているのは、理由があるのです。

CPIはウィルソンと共に消え去ったわけではありません。ジャーナリストの髙山正之氏に教えていただいたのですが (『世界を破壊するものたちの正体』徳間書店)、CPIの上海支部は生き残ったそうです。するといわゆる「南京大虐殺」のフェイクニュースもCPIが背景にいることになります。トランプ大統領がアメリカのメインストリームメディアをフェイクニュースと非難したのには十分、歴史的裏付けがあるのです。

アメリカの参戦理由

第1次世界大戦がディープステートの利益を推進するためだったことを証明するエピソードが、アメリカの参戦理由です。実は、ウィルソンに参戦するよう圧力をかけた有力者の一人が、最高裁判事のブランダイスでした。彼はアメリカにおけるシオニズム運動のリーダーとして、オスマントルコが支配するパレスチナの地にユダヤ国家を樹立すべく運動していたのです。このパレスチナのユダヤ国家樹立問題がイギリスとアメリカの取引材料になり、アメリカが参戦すれば、イギリスはパレスチナでのユダヤ国家樹立を認めることを約束したのです。これが、有名なバルフォア宣言です。

正確に言えば、「イギリスがユダヤ国家樹立を認めるのであれば、シオニズムを推進するユダヤ人たちはアメリカ政府が参戦するよう圧力をかける」という意味です。だから、ブランダイスが中心的役割を果たしたのです。アメリカの参戦は、私たちが教科書で習うように民主主義の擁護のためではありません。ディープステートの意を受けて、ユダヤ国家樹立のために参戦したのです。第1次世界大戦の真相がお分かりいただけたと思います。

第2章

ディープステートが操った戦争と革命

東西冷戦は八百長だった――私の原点

これまでディープステートの正体について概説しましたが、私がディープステートの存在に気付く遠因となったのは、昭和54（1979）年から昭和56（1981）年までソ連の首都モスクワの日本大使館に勤務したことでした。私は昭和43（1968）年に外務省に入省しましたが、当時の外務省は自由主義陣営の一員として如何に日米安保条約を堅持し、その一方でソ連を筆頭とする共産主義陣営と対峙するかが、いわば日本外交の全てと言っても過言ではない状況でした。もちろん、開発途上国に対する経済援助や自由貿易の推進なども主要な課題ではありましたが、これらの基盤となっているのが日米安保条約に基づく国益の保持だったのです。

そんな中、ロシア語が専門でない私に偶々《たまたま》ソ連に勤務する機会が与えられました。今振り返れば、このモスクワ勤務こそ私に新しい世界の見方を教えてくれた、外交官生活の転換点であったと言えます。私の仕事はソ連の外交政策担当で、最初の一年は中近東政策、二年目は東欧政策が加わりました。第一年目の暮れには、後にわが国を含む西側諸国によるモスクワ・オリンピックボイコットに発展したソ連のアフガニスタン侵攻が発生し、二年目の夏からはソ連圏の新しい息吹を感じることとなるポーランドの連帯運動が始まりました。幸いなことに、いずれの事件も私の担当でした。当時のソ連の外交政策は、それはそれで大変興味ある対象でしたが、それよりも私に大きな衝撃を与えたのは、ソ連の生活実態でした。ソ連は果たしてアメリカと並ぶ超大国なのかとの疑問が湧いてきたのです。

いわゆる東西冷戦体制の下にあって、ソ連はアメリカと世界の覇権を争う東側陣営のリーダーと見なされていました。ミサイル開発や人工衛星打ち上げなどの軍事技術においては、アメリカを凌駕《りょうが》するほどの先進国として、西側世界が恐怖を覚えるほどの軍事強国だったのです。しかもソ連が使嗾《しそう》する共産主義革命の脅威は、わが国を含む西側先進国に深刻な影響を与えており、過激な学生運動や労働争議などが社会不安を煽っていました。西側諸国は政策を誤れば共産主義革命が起こる悪夢に襲われており、ソ連の存在そのものが不気味な脅威を世界にばらまいていた状況にあったのです。

ところが、実際のソ連の内情を経験すると、ソ連の脅威は偽装された代物ではないかと感じるようになったのです。第一に、民生品の極端な不足です。核兵器を搭載した大陸間弾道ミサイルの世界最大の保有国であるにもかかわらず、アパートの窓のカーテン生地は入手不可能であり、ドアの鍵は海外に出て買う以外になく、食料品を売る商店の陳列棚はいつも空っぽといった風に、開発途上国並みの生活水準に落ちていたのです。西側の消費物資はソ連人たちの垂涎《すいぜん》の的《まと》で、日本製の女性用ストッキングをガソリンスタンドの係りの婦人にプレゼントすれば、ガソリン代がただになったり、日本製の美しいカラー写真入りのカレンダーは、カレンダーとしてよりも壁に掛ける装飾品として年度にかかわらず重宝されていました。

このような軍事技術と民生品のギャップがソ連という共産主義体制そのものに対する疑問と、ソ連の超大国としての実力に対する疑問が重なり合い、東西冷戦体制を支える米ソ関係の実態に対する関心が高まる切っ掛けとなったわけです。

ロシア革命はディープステートが起こしたユダヤ人解放革命

1917年に発生した「ロシア革命」は、当時ロシアを支配していたロマノフ王朝の圧政に苦しむロシア国民たちが反乱を起こし、皇帝ニコライ2世とその家族を処刑して、共産主義国家ソビエト連邦を設立した、というのが一般的な認識です。しかし、真実は自由と平等を獲得しようとするロシア国民の戦いではなく、ロシア国内では少数民族であるユダヤ人たちを帝政の迫害から解放することを目的に、ユダヤ系の国際金融勢力が亡命ユダヤ人革命家たちを使って引き起こした革命だったのです。

ロシア革命の中心人物だったウラジミール・レーニンはスイスに、レフ・トロツキーはアメリカに亡命中でしたが、ユダヤ系国際金融勢力は多大な支援を行いました。レーニンは１９１７年の革命直前になってもロシアで革命が起こることはないと公言していましたが、ドイツがアレンジした封印列車でロシアに帰還しました。ドイツが何故という疑問を持たれた読者も少なくないと思いますが、当時ドイツは連合国の一員であるロシアと戦争中であり、ロシア国内を革命騒ぎで混乱させることはドイツに利益になると考えたのです。さらに、ドイツ帝国とは言え首相や情報長官などの要職はユダヤ系が占めていました。単にドイツ政府の意向が戦争に有利という判断だけではなかったことをうかがわせます。トロツキーはニューヨークに滞在していましたが、私たちに馴染《なじ》みの深い国際金融家のヤコブ・シフが面倒を見ていました。彼の傀儡《かいらい》であるウィルソン大統領に働きかけてアメリカのパスポートを支給して、アメリカに滞在していた多数のユダヤ人共産主義者と共にロシアに送り返したのです。

彼ら国際金融勢力はロシア革命家に多額の資金を用立てましたが、革命成功後ロマノフ王朝の財宝を没収したこれら革命家達から援助の数倍に及ぶ返済を受けたことが明らかになっています。例えば、ヤコブ・シフはトロツキーへ革命資金として2000万ドルを供与しましたが、革命成功後約1億ドルを回収したと言われています。現在価値に直すと100億ドルになります。戦争への融資もそうですが、革命への融資も金儲けになるわけです。革命活動にはお金が必要です。ユダヤ人金融勢力の支援がなければ、ロシア革命が成功しなかったことは容易に想像できます。

私たちが教科書で習った11月革命によって、レーニンをリーダーとするボルシェビキ（実際には少数派でしたが勝手に多数派を自称しました）と呼ばれる一派がソビエトの実権を握ったのですが、党政治局、政府の大臣、その他主要な国家機関の要職を占めたのは、およそ8割がユダヤ人革命家でした。しかも、これらユダヤ人は必ずしもロシアで生まれ育ったのではなく、世界各地に散らばっていたユダヤ人たちから成る国際政権であったのです。もともと国を持たないこれらユダヤ人ですから、外国であるロシアの政権に入っても違和感を覚えないということなのでしょう。この例に見られるように、共産主義者の発想は基本的に国際主義なのです。現在の言葉を使えば、グローバリストということになります。私たちは現在グローバリズムがあたかも世界の趨勢《すうせい》であるかのように錯覚していますが、実はグローバリズムとは21世紀の共産主義を言い換えた言葉なのです。

ところで、共産主義政権は本質的に国際政権であるとの事実を押さえておくだけでも、2014年のウクライナ危機後に成立したクーデター政権がユダヤ系アメリカ人などから成る国際政権であった理由がよく分かります。ウクライナ・クーデター政権はユダヤ政権だったのです。

それはさておき、ソ連共産主義政権の実態を学ぶことは、今日忍び寄る共産主義の脅威に対抗する上で大変参考になります。ソ連が1991年に崩壊したことで、以後の世界において共産主義の脅威が消滅したとして、私たちの共産主義に対する警戒感が武装解除されてしまいました。現在の私たちは、共産主義、すなわちグローバリズムの脅威に対して全く無防備の状況にあります。実際のところ、ソ連共産主義政権が行った国民の劣化政策が、グローバリズムの口実の下で密かに進行中なのです。第一に挙げるべきは、フリーセックスの義務化です。

レーニンはフリーセックス宣言を出しましたが、実に驚くべき内容でした。フリーセックスと言っても単純にセックスは自由という意味ではありません。18歳以上の女性は国家の所有物である、未婚女性は当局に登録しなければならない、それを怠った場合は罪に問われる、登録女性は19歳から50歳の男性を夫に選ばなければならない、プロレタリアの男性のみ結婚可能で、選ばれた女性は相手を拒否できない、このような結婚から生まれた子供は国家の所有物である云々。

このようなフリーセックス政策は、ロシア人が伝統的に重視してきた家族の絆を破壊することを目的にしていました。彼ら革命政府は興味本位でセックスを自由化したわけではないのです。革命の最大の妨げとなる家族を破壊する必要があったのです。政府当局が最もプライバシー的行為である性生活に干渉することができるようになって、個人が家族との関係を断たれ、人間の尊厳が失われ、アトム化（孤立化）された大衆をいわば家畜同然に扱うことが可能となったのです。共産主義は人間の劣情に訴え、精神を麻痺させて生き延びるのです。

今日のわが国においても、児童虐待死や親殺しなど家族の崩壊が社会問題になっていますが、その根底には昭和50年代から急速に流行となった同棲が影響していると言っても差し支えないと言えます。漫画やフォークソングなどで同棲が取り上げられて、今やTVドラマでも当然のように同棲カップルが出演するまでになってしまいました。私たちは、知らず知らずのうちに同棲に市民権を与えてしまったのです。共産主義者の目的の一つだった家族の破壊が、現在ではグローバリズムという「普遍的価値」の名の下に推進されているわけです。現在、私たちが何故共産主義の歴史について学ぶ必要があるかというと、私たちが人間としての尊厳を守る必要があるからです。共産主義＝グローバリズムに対する免疫力の涵養《かんよう》のためには、私たちの性《さが》に打ち勝つ必要があります。私たちの劣情を唆《そそのか》して忍び込む彼らの戦略に、はっきりとNOを突きつけねばなりません。

第二に学ぶべきことは、共産主義政権の支配の実態です。ソ連共産主義政権は自らが犯した罪悪を嘘で正当化しました。国民を騙すことによって政権を維持したわけです。レーニンやトロツキーは無辜《むこ》のロシア人をロシア人であるという理由で有無も言わさず虐殺しました。これこそジェノサイドです。また、膨大な数の人間を強制収容所に送り、強制労働に従事させました。これらに関わったのが悪名高い秘密警察（当時チェーカーと呼ばれていました。後のKGBの前身です）ですが、彼らはロシア人の間に恐怖心を植え付けることによって革命に対する抵抗を弾圧したのです。共産党政権の生き残りのためには、暴力が必須の条件でした。フランス革命も恐怖政治によってジャコバン党が統治したことは、教科書でも習うところです。ところが、同じ恐怖政治でも、どういう訳かロシア革命については歴史家は言葉を濁《にご》しているのです。フランス革命はフランスのユダヤ人を解放するための革命でしたが、表で活躍した主な革命家はユダヤ人ではなかったからでしょうか。

ヘイトを煽るポリティカル・コレクトネスの欺瞞

先般のアメリカ大統領選挙の不正を目の当たりにして、共産主義者の手法を改めて思い出しました。あれほど大規模な不正が行われたにもかかわらず、不正はないと嘘をついて選挙結果を正当化したバイデン陣営（ディープステート）や州議会や、連邦議会や、主要メディアは、ロシア革命政権の嘘による人民支配を彷彿《ほうふつ》とさせるものでした。あたかもソ連のプロパガンダ機関が嘘で固めた共産党政権の政策を正当化したごとく、アメリカのメディアは選挙の不正がなかったとしらを切り通して、世論を洗脳しました。アメリカの主流メディア（ニューヨーク・タイムズ、ワシントンポスト、三大ネットワークや

CNNなど）はユダヤ系に牛耳られていますが、ロシア革命の虐殺などの巨悪を隠した手口と同じやり方で、大統領選挙の真実を葬り去ったのです。要するに、現在のアメリカで共産主義は生きながらえていたというわけです。

恐怖による支配の鉄則は、現在のコロナ対策にも表れています。わが国でも、感染者の数字だけを取り上げ恐怖心を煽って、外出の自粛、営業の時短、会合や会食の制限、テレワークの推奨等々、政府や自治体は国民に対する説明責任を放棄して一方的に恐怖心に訴える政策に終始しています。果てはワクチン担当大臣が任命されましたが、不吉な予感がしてなりません。専門家の間でさえ副作用や人体への長期間にわたる悪影響の可能性が指摘されているにもかかわらず、欠陥を含んだワクチン接種を義務化する法律が制定される危険があります。ワクチン接種証明書を所持していなければ、レストランなどに入店できないとか、電車、地下鉄、バスなどの乗り物に乗車できないとか、劇場やスポーツ観戦施設に入場できないとか、恐ろしいまでの管理・監視社会が出現する危険性が排除できません。コロナ・ワクチンを推奨する医師や政治家は、国民に接種を強要する前にまず自分や家族に接種させるべきでしょう。この要求に対する彼らの反応を見れば、ワクチンが安全かどうかを知る手掛かりになると言ってよいでしょう。

いずれにせよ、このような方策の根源には、無意識的にせよ恐怖による国民支配の容易さという共産主義革命の経験が受け継がれていると言えます。

マルクス主義の階級闘争とは、社会の中で集団間の「憎悪（ヘイト）」を煽るものです。アメリカ社会は移民の増加などからヘイト・クライムが極端に強調された結果、いわゆるポリティカル・コレクトネスという言論弾圧に効果的に反論することが不自由な風潮になっていました。トランプ大統領はポリティカル・コレクトネスの欺瞞を炙《あぶ》り出して、アメリカのピープルに言論の自由を取り戻そうとしました。それもあって、ポリコレの推進機関であるメディアから総反撃を食らう破目になったのです。

翻《ひるがえ》ってわが国の現状を見ますと、自民党政府が国内の外国人のみを保護するヘイト法を制定しました。現在の共産主義思想であるグローバリズムの劇薬を知らずに飲んでしまったと言わざるを得ません。そもそも「ヘイト」には明確な定義がありません。ということは、取り締まりに当たる当局の恣意的判断で対象が決められることになるということです。国のヘイト法を受けて、各自治体が条例を制定していますが、中には法律にない罰則規定を盛り込んだ自治体もあります。このような条例は法律の範囲内での条例制定権を定めた憲法第94条に違反する可能性があります。いずれにせよ、ヘイト法は本来の外国人差別防止の趣旨に反して、国内における外国人との紛争の火種を蒔いたと言えます。

世界混乱の源だった国際連盟の設立

世界史上初の国際機関「国際連盟」は、第１次世界大戦終結後の１９１９年、大戦処理を話し合うベルサイユ講和会議の席で発足が提案され、その翌年の１９２０年に世界平和と各国の協調を名目に設立されました。

国際連盟設立のアイデアは、当時のアメリカ大統領だったウィルソンが提唱した「14ヵ条の平和原則」の14条「国際平和機構の設立」が礎《いしずえ》になっているとされています。

しかし、「14ヵ条の平和原則」はウィルソン個人が考えたものではなく、彼の側近だったイギリスのロンドン金融街シティの主ロスチャイルド家の代理人であるマンデル・ハウス大佐やウィルソンを大統領に担ぎ上げたバーナード・バルーク、ポール・ウォーバーグといったユダヤ人金融資本家が共同で考案したものでした。

そうして設立された国際連盟は、「平和」「国際協調」を大義名分にしていましたが、最大の歴史的意義はそれまでの勢力均衡（バランス・オブ・パワー）原則による安全保障体制から集団安全保障体制へ移行したことです。簡単に言えば、紛争については直接の当事国だけでなく全ての加盟国が介入する枠組みを作ったことです。皆で考えれば良いアイディアが出て来るという楽観主義ですが、実際に起こったことは紛争に全く利害関係を持たない加盟国が口先だけで紛争の議論に参加して、結果的にまとまるものもまとまらなくなったという苦い経験が多々あったわけです。

その被害者の国の一つがわが国です。満洲事変の解決は日支両国の直接交渉に依《よ》りたいとわが国は主張しましたが、結局国際連盟が乗り込んできました。リットン調査団が有名ですが、列強五ヵ国（イギリス、アメリカ、フランス、ドイツ、イタリア）の代表からなる調査団の報告書は、満洲問題の複雑な経緯を理解した内容も一部に見受けられましたが、日本として受け入れることができなかった決定的箇所は、「満洲は法律的に完全に支那の一部である」と歴史を無視した報告書となっていることでした。

因《ちな》みにフランスやイタリアの代表は日本をあまり非難すべきでないとの意見を述べたのですが、結局採用されませんでした。連盟の加盟国でないアメリカが調査団に参加していたことは、当時のスティムソン国務長官の不承認主義の影響を受けざるを得なかったのではないかと考えられます。さらに、連盟の会合や9ヵ国条約締約国会議で日本糾弾の急先鋒に立ったのは満洲問題と何のかかわりもないチェコスロバキアやベルギーでした。これらの国の非難の結果、わが国が一方的に悪者に仕立て上げられたのです。常識的に考えれば、直接の当事国であるわが国と中華民国との間で協議が行われていれば、もっと早く解決に達した可能性があるでしょう。日中の紛争を企む勢力にとっては、両国が満洲問題を解決して和平が達成されるのを阻止する必要があったわけです。連盟の介入という錦の御旗は、紛争の複雑化、長期化、恒常化に繋がったと言わざるを得ません。

ウィルソン大統領の「平和14ヵ条」は後に詳しく述べるように第2次世界大戦への種を蒔いたものでした。特に、民族自決主義は旧敵国の領地にのみ適用され、全世界を対象としたものではなかったことが重要です。世界の民族が自決の権利を持つと宣言されれば、当時の戦勝国の植民地は独立の後ろ盾を得たことになりますが、戦勝国の列強が植民地帝国であったことを考えれば、こんなことが認められるはずがないのです。象徴的な例は、わが国が提唱した人種平等決議の取り扱いでした。連盟規約に人種平等条項を規定すべきとのわが国の提案は、参加国の過半数の賛成を得ました。ところが、議長のウィルソン大統領がこのような重要な事項は全会一致が必要だと決めつけて、日本提案を葬り去ったのです。人種差別主義者ウィルソンの面目躍如《めんもくやくじょ》たる光景でした。

国際連盟設立の隠された目的は、国際紛争の調停者を装うことによって加盟各国の主権を制限し、国際協調の名の下に国境意識を希薄化させることによって、各国の国民の愛国心や民族意識は紛争の原因になるとの意識を植え込むことでした。まさに、ポリティカル・コレクトネスの嚆矢《こうし》を見る思いがします。今日のグローバリズムの基礎を築いたと言えるのです。因みに、連盟事務局はグローバリストのユダヤ人が要職を占めました。元々社会主義的な思想を持つ彼らが事務局を差配するようになったことは当然とも言えます。グローバリズム、あるいは国際主義とは、基本的に国を持たない離散ユダヤ人の発想なのです。

国際連盟のグローバリズム推進精神は、第2次世界大戦末期に設立された国際連合に受け継がれました。「国際連合」と訳されていますが、正確には「連合国」です。つまり、日独伊の枢軸国と対戦した連合国側の機関であったのです。国際連合の本質は日独伊の敵国の脅威から連合国を守ることを主目的とする国際機関として発足したのです。それゆえ、連合国の主要5ヵ国（アメリカ、イギリス、フランス、ソ連、中華民国）が安全保障理事会の常任理事国として拒否権が与えられ、君臨することになりました。加えて、連合国の敵国に対しては、加盟国は行動の自由を保障されたのです。例えば、中国が日本に軍事侵攻することが、一定の条件下ではありますが、承認されたのです（いわゆる旧敵国条項）。わが国は１９５６年の日ソ共同宣言を経て国連加盟が承認され、旧敵国条項は一応死文化されたことになっていますが、憲章上は削除されずに残ったまま現在に至っています。

私たちにとって注意すべきことは、加盟国としての地位が不公平であることに加え、そもそも国連はグローバリズムを推進する機関であるということです。アメリカの著名な国際政治学者でカーター大統領の安全保障担当補佐官を務めたユダヤ系のズビグニュー・ブレジンスキーは、グローバリズムは歴史の必然であるとして、国連がグローバリズムの推進に当たってきたことを公言しました。つまり、物の国境を越えた移動の自由はＷＴＯ（世界貿易機関）によって、カネの国境を越えた移動の自由はＩＭＦ（国際通貨基金）によって達成されたが、残ったのは人の国境を越えた移動の自由である、しかしこれには国連機関が存在しないので新設する必要があると論じています。さらに、国連本部やジュネーブの国連諸機関は、グローバリズムの普遍的価値を加盟国に浸透させるため、各種の条約を制定して加盟国の主権を制約してきました。わが国にとって苦い経験は、人権理事会などからの言われなき干渉です。その最大のものは、男系皇統を男女差別とみなしたりする、皇室に対する各種の批判です。このように、国連とは各国の伝統的価値や固有の文化を制限して、抽象的な普遍的価値の下で世界を統一しようと企んでいるディープステートの別動隊であるわけです。

最近SDGs（2015年の国連サミットで採択された「持続可能な開発目標」）という国連標語が私たちの生活一般にも入り込んできました。TVコマーシャルでもSDGsに協賛している企業などが宣伝され、視聴者たちを洗脳しています。この諸目標の中には「ジェンダー平等の実現」とか「人と国の不平等をなくす」など家族を破壊したり、秩序を破壊する目標が紛れ込んでいますが、これらの害悪に気づかないまま今後の世界の発展のためにはこれらが必要であるとの刷り込みが行われているのです。企業活動のみならず、学校教育などでも悪用される危険が存在していることに注意する必要があります。これらの目標はポリティカル・コレクトネスで、国連という権威を利用してポリコレを世界に拡大しようと努めているわけです。国連がグローバリズムの推進機関であることがお分かりいただけたと思います。

第2次世界大戦はなぜ起こったか

何となく分かっているようで、実は真相が全く隠されているのが第２次世界大戦の原因です。教科書的な理解では、大戦は民主主義陣営対ファシズム陣営の戦いということになっています。特に、ドイツナチスのヒトラーが諸悪の根源のように習います。ヒトラーの世界征服計画を阻止し、世界の民主主義を守る正義の戦いだったということです。しかもヒトラーはユダヤ人の絶滅を企てた人類史上最悪の人物だった。要するに、第２次世界大戦とは正義の米英などの連合国と悪の日独伊のファシズム枢軸との世界を二分する戦いだったという歴史観で、ほぼ統一されていると言ってもよいでしょう。

しかし、事実はそうではありません。特に、ヒトラーは全く誤解されているのです。誤解というより、意図的に巨悪に貶《おとし》められてしまいました。私たちはヒトラーのユダヤ人絶滅政策の非人道的行動を非難しますが、ヒトラーが政権を取った１９３３年以降ポーランドとの戦争が始まるまでの６年間の実績を全く無視しています。

ベルサイユ体制の桎梏《しっこく》からドイツ人に誇りとやる気を齎《もたら》したヒトラーの輝かしい経済

政策については全く教えられていません。常識的に考えても、そんな巨悪のヒトラーがドイツ国民の熱狂的支持を得た理由が全く見えてきません。ドイツ内のみならず、ロイド・ジョージ英首相や後に反ヒトラーに転向するウィンストン・チャーチル、また高名なヨーロッパの知識人たちからも、ヒトラーの政策は高く評価されていたのです。

例えば、ヒトラーは失業率改善のために公共投資を重視し、世界に先駆けて高速道路網（アウトバーン）を整備しました。この偉業の世界的意義は、戦後アメリカのアイゼンハワー大統領が真似て米国内の高速道路の建設を行ったことからもうかがえます。今日でもドイツの自動車を象徴するブランド、フォルクスワーゲンも、一般国民が乗用車を持てるようにとのヒトラーの肝いりで生産が開始されました。ヒトラーはまさにドイツ国民の利益第一主義、いわば「ドイツファースト」を実践したのです。当時のドイツ労働者は休暇やレクレーションの機会を与えられ、海外旅行まで可能になったのです。

ナチスは国家社会主義労働者党（Nationalsozialistische Deutsche Arbeiterpartei）の略称というより世界のユダヤ系メディアが与えた田舎者を意味する蔑称ですが、ヒトラーによれば、「国家社会主義」とは個人の努力が社会の利益と調和することを意味するのです。言うなれば、各人が己の仕事に誇りを持ち、精魂込めて仕事に打ち込むことによって社会全体が発展すると言い換えることも可能です。要するに、個人が社会共同体の成員として尊重されることを意味するのです。このような哲学からは、どう考えても世界を征服しようというような野望は出てきません。ヒトラーのお蔭でドイツ国民は誇りを取り戻したのです。

ヒトラーが世界大恐慌の中にもかかわらず奇跡的な経済発展を遂げることができたのには二つの理由が挙げられます。第一は、ユダヤ人銀行家が支配する中央銀行ではなくドイツ政府が通貨マルクを発行したこと。第二に外貨を使用しない物々交換貿易を行ったことです。政府が通貨を発行することによって政府の借金はなくなりました。また、物々交換のバーター貿易に移行することによって、貿易赤字が無くなりました。このように、ドイツはヒトラーの下で国際銀行家の支配から逃れることができたのです。

しかし、それ故に、ヒトラーは彼らによって戦争に追い込まれることになったわけです。

ヒトラーとの戦争を正当化するために、世界のメディアはヒトラーがイギリスなど西欧やアメリカへの侵略を企てているとのフェイクニュースを連日のごとくがなり立てました。米英の政治家たちは次第にこのような反ヒトラープロパガンダに影響されてきたのです。加えて、対独戦争を主張するユダヤ系の有力者が米英首脳の側近を占めるようになり、両国はヒトラーの直接の脅威が無いにもかかわらず、ヒトラーとの戦争準備を推し進めていったのです。

彼らのターゲットになったのはポーランドでした。ヒトラーの国民との公約の一つである生存圏（レーベンスラウム）の確保のいわば最後の要求が、ポーランドのダンチヒの返還とポーランド回廊における高速道路と鉄道の建設でした。この要求自体は大変寛容で、ダンチヒはもともとドイツ領でドイツ人人口が9割以上を占めていましたし、ポーランド回廊も戦前はドイツ領でポーランドに割譲後もドイツ人が多数住んでいましたが返還まで求めず、飛び地のドイツ領東プロシャと本土を結ぶ高速道路と鉄道の建設だったのですから、ポーランドとしても決して呑《の》めない内容ではありませんでした。

ところがヒトラーと妥協するなと圧力をかけたのはイギリスとアメリカでした。チャーチル首相もルーズベルト大統領もユダヤ人側近たちの助言の下にヒトラーとの戦争を決めていましたから、ポーランドに対しドイツと戦争するよう慫慂《しょうよう》し続けたのです。歴史教科書には出てきませんが、第2次世界大戦を勃発させた真の戦犯と言える人物がアメリカの駐フランス大使ウィリアム・ブリットでした。ユダヤ系のブリットは駐フランス大使でありながらヨーロッパ全域のアメリカ大使を総括する役割を、ルーズベルト大統領から直接与えられていました。ブリットは筋金入りの共産主義者で、ウィルソン大統領の特使としてロシア革命直後のソ連を訪問してレーニンとアメリカの対ソ援助に関して協議したことでも知られています。ブリットはルーズベルトの命を受けて、ポーランド要人に対し決してヒトラーと妥協しないこと、戦争を起こせばアメリカが必ずポーランドを支援して参戦することを何度も念を押して回りました。

ポーランドにとっては、英仏による独立保障の約束だけでは最後までヒトラーとの妥協を拒むことができたかどうかは疑問です。アメリカの支援の約束があったことが決定的に重要だったと言わざるを得ません。もっともポーランドに歴史的に培《つちか》われた反ドイツ感情があったことが、ヒトラーとの妥協のハードルを上げたことは否定できないでしょう。このような反ドイツ感情が高まりポーランド回廊内のドイツ人が虐殺される事件が頻発したため、ヒトラーはドイツ人保護の観点からもポーランドに宣戦布告せざるを得ないまでに追い詰められたと言えます。

堪忍袋の緒が切れたヒトラーは、1939年9月1日にポーランドに侵攻しますが、2週間後には独ソ不可侵条約の秘密議定書に基づきソ連がポーランドに侵攻して東半分を占領しました。英仏はポーランドとの独立保障の約束に基づきドイツに宣戦布告しますが、どういう訳かポーランドを侵略したソ連には宣戦布告しませんでした。要するに、ポーランドはドイツとの戦争をするために駒として使われて、捨てられたというわけです。戦後、ポーランドは共産政権が成立し冷戦終了までの約50年間、事実上国を失う破目になったのです。もしポーランドがヒトラーと妥協していれば、第2次世界大戦はなく、当然冷戦もなかったでしょう。米英に騙されたとはいえ、ポーランドの罪は重いと言わざるを得ません。

ヒトラーは果たして巨悪か

私たちはヒトラーとナチスは人類の敵と教科書で教えられてきました。ヒトラーは世界征服を企んだので平和と民主主義を守るために米英諸国が敢えてスターリンのソ連とも組んで戦ったのが、第2次世界大戦であると私たちは洗脳され切っています。しかし、果たしてこれは真実でしょうか。ヒトラーが政権を握った原因はベルサイユ条約の理不尽な規定でした。ドイツを分割し、天文学的な賠償を科し、ドイツ人の精神を破壊するようなベルサイユ体制に異議をとなえたのがヒトラーだったのです。

しかも、第１次大戦後のドイツはワイマール共和国の支配下に置かれていましたが、教科書的には「最も先進的な民主主義国」との触れ込みにもかかわらず、ワイマール共和国の実態はドイツ人口（６０００万人）の１パーセントに過ぎないユダヤ人（60万人）が政府、経済界、メディア・娯楽産業、大学などの教育文化界の要職を占めていました。一言で言えば、ワイマール共和国とはユダヤ共和国であったのです。その事実のみをもってユダヤ人を非難することは不適切ですが、問題は、ドイツを事実上支配していたユダヤ人がドイツ人の権利を侵害して、ドイツ文化を破壊し、自分たちの利益を優先しドイツ人との共存を図らなかったことなのです。

特に、質実剛健《しつじつごうけん》なドイツ文化を退廃させた元凶は、メディアや娯楽産業を握ったユダヤ勢力でした。ＬＧＢＴを舞台や映画で大々的に取り上げることによって、デカダンスの風潮を蔓延させたのです。例えば、日本にもファンが多かったマリーネ・ディートリッヒは、ユダヤ人監督ジョセフ・フォン・スタンバーグの「嘆きの天使」に出演し、美貌と歌声で名声を博しましたが、私たちは無意識のうちに退廃文化に染まっていった嫌いがあります。この傾向はハリウッドにも受け継がれ、ハリウッド映画に埋め込まれたポリコレが多くの映画ファンを洗脳して今日に至っています。それはさておき、このように伝統的なドイツ精神を破壊し国民意識を劣化させせられた状況に強い危機感を覚えたのがヒトラーでした。

『我が闘争』の中に凝縮されているように、ドイツの実権をユダヤ人の手からドイツ人の手に取り戻したのがヒトラーでした。まさにそれ故に、世界のユダヤ社会はヒトラーが1933年1月30日首相に就任したその日から、世界的規模でドイツ製品のボイコット運動を開始したのです。ヒトラーがまだ何も具体的政策を打ち出さないうちに、早くもヒトラーの全面否定運動を始めたのです。これはいわば国際ユダヤ社会によるドイツに対する宣戦布告でした。具体的政策を云々する前に、兎に角ボイコットをせよと世界に呼びかけたのです。

このボイコット運動によってベルサイユ体制の下で経済的苦境に陥っていたドイツ経済が打撃を受けたことは言うまでもありません。特に、アメリカのユダヤ社会が先鋭で、先述したようにウィルソン大統領を脅迫したサミュエル・ウンターマイヤー弁護士が指導的役割を果たしました。マディソン・スクエア・ガーデンに2万人を集めて行われたドイツ製品ボイコット大集会が有名です。このように、ヒトラーがユダヤ人を迫害したからユダヤ勢力が反発したのではなく、まずユダヤ勢力がヒトラーを弾劾したのです。

犠牲者が加害者に

もうお分かりのように、ヒトラー政権はユダヤ人に対する加害者として発足したのではなく、彼らの被害者としてスタートさせられたのです。教科書的常識は、ヒトラーはユダヤ人絶滅政策、ジェノサイドを遂行したとして非難していますが、ヒトラーがジェノサイドを命令したとの証拠はこれまで発見されていません。

しかし、正統派歴史家はヒトラーのいうユダヤ問題の「最終的解決」がジェノサイドを意味すると、検証もせずに決めてかかっています。ヒトラーはユダヤ人をドイツ以外の地へ移動させることを考えていたことが明らかになっています。国際ユダヤ社会はイギリスの委任統治領パレスチナにユダヤ人の入植を進めていました。そこで、ヒトラーとパレスチナ建国を進めていたイギリスの世界ユダヤ人会議議長のハイム・ヴァイツマンとの間でパレスチナ移送協定を締結して、ドイツ在住のユダヤ人の移送を開始したのです。この協定に従い約40万人のユダヤ人がパレスチナに平和裏に移送されました。

私たちに教えられていないことは、1939年にヒトラーがポーランドに侵攻した際、国際ユダヤ勢力がドイツに対して宣戦を布告した事実です。これによって、国際ユダヤ勢力は国際法上の交戦団体になりましたので、ドイツ国内のユダヤ人は敵性人になったわけです。この事実はあまり知られていません。ドイツ政府がこれら「敵国人」を「戦時捕虜」として強制収容所送りにしたのはやむをえないことです。放置すれば、いわゆるトロイの木馬、ドイツの転覆活動に従事する第五列になるからでした。真珠湾攻撃によって、日本と開戦することになったアメリカはハワイや本土の自国民である〝(日系)アメリカ人〟を強制収容しました。

ともあれ、強制的に収容されたユダヤ人たちは各種労働に従事させられました。これも特別の国際法違反ではありません。労働にはしかるべき賃金が支払われました。最大の収容所が存在したポーランド占領地内のアウシュビッツでは、最盛期には約20万人が住んでいました。言ってみれば、20万人を擁する中堅都市と言える状況でした。従って、都市に必要な諸施設が整備されており、その中には死者を火葬する焼却炉もあったのです。この焼却炉が、終戦後、ユダヤ人を殺したガス室だとみなされるようになりました。本書はガス室があったとか、なかったといった、いわゆるホロコースト論争に立ち入るものではありません。ナチスドイツの対ユダヤ人政策に批判される点はあったにせよ、ヒトラーが一方的にユダヤ人をジェノサイドしたとの説は歴史的にまだ完全には証明されていないのではないかという、歴史の余白部分を指摘したかったのです。

むしろ、ナチスドイツは被害者であった側面が強いのです。前述したように、ヒトラーはポーランドとの戦争をいわば強制されました。ルーズベルト大統領とチャーチル首相こそヒトラーを戦争に追い詰めた加害者です。ヒトラーは開戦後もイギリスとの和平を求め続けました。例えば、ダンケルクの戦いでイギリス軍を深追いせず無傷のままで本国へ帰還させたことにも、ヒトラーの和平への意思を感じ取ることができます。ヒトラーの様々な和平提案を一蹴したのがチャーチルでした。チャーチルはヒトラーを倒すまで戦争を止める意図は毛頭なかったのです。加えて、ルーズベルトの無条件降伏論がヒトラーの妥協を不可能にしてしまいました。無条件降伏以外認めないとの通告を受ければ、ヒトラーとしては無益な戦いを継続する以外に選択の余地はなかったのです。米英の目的はドイツ一般人の虐殺でした。軍事目標以外の都市空爆を行い、無辜《むこ》のドイツ国民を多数虐殺しました。わが国もアメリカ軍によって東京をはじめ主要都市が無差別の空襲を受け非戦闘員が多数犠牲になりましたが、ドイツの主要都市も毎日のごとく米英空軍機の猛爆を受けて破壊されたのです。国際法違反を堂々と犯したのは米英であり、ドイツは彼らの被害者だったのです。

それだけにとどまりません。戦局がドイツ劣勢に転じると、ドイツの東欧占領地域に攻め込んだソ連兵がドイツ人皆殺しを行ったことも記憶されなければなりません。当時、ソ連の戦争宣伝大臣であったユダヤ系作家でもあるイリヤ・エレンブルクはドイツへ進軍するソ連軍兵士に対し、「ドイツ人を見つけ次第殺せ。女、子供、老人も容赦するな。ドイツ人を殲滅《せんめつ》せよ。全てのドイツ人は有罪だ。ドイツ女性は戦利品だから、強姦して、殺せ」と兵士たちを鼓舞しました。これこそ、ドイツ人に対するジェノサイドそのものです。ロシア革命時にロシア人のジェノサイドを敢行したユダヤ系革命家たちは、今度はドイツ人のジェノサイドを実行しました。ジェノサイドを行ったのはヒトラーだというのが、今日の歴史学者の通説です。そういうふうに、ヒトラーに加害者の烙印《らくいん》を永遠に押し続けなければならない理由は、ユダヤ系革命家こそジェノサイドの実行者であったからです。世界から、この事実を永遠に葬り去らなければならないのです。そのためには、自分たちが世界最大の被害者として歴史に記憶される必要があるわけです。

歴史修正主義とは

以上、長々とヒトラーの真実を述べてきたわけは、陰謀論と並んで歴史の真実を求める人々を貶めるレッテル貼りである「歴史修正主義者（リビジョニスト）」の欺瞞《ぎまん》を暴くためです。２０２０年の大統領選挙の大規模な不正の結果、ディープステートの存在が世界に見える形で明らかになりました。その意味でも、アメリカ国民に選ばれていないディープステートのメンバーが国家の様々な機関に潜り込んで民主主義を破壊していることに警鐘を鳴らしてきたトランプ大統領が正しかったことが証明されました。選挙に大勝したトランプ大統領を不正な手段で引き摺り下ろす世紀の陰謀は確かに存在したのです。

このように、トランプ大統領によって陰謀論の正しさが証明されましたが、次に正されるべきことは陰謀論と同様、根拠のないデマとして蔑《さげす》みの対象であった歴史修正主義です。これからの世界は、歴史修正主義が一躍注目されるようになるでしょう。そうなって初めて、私たちは目隠しされた状態から自らの頭で世界の歴史を認識することができるようになるでしょう。最大の歴史の修正見直しは、ヒトラーに対する再評価になるはずです。それは即、第2次大戦の大義の見直しに繋《つな》がります。つまり、ファシズムは共産主義よりも邪悪だったのかという問いかけに正面から答える必要が出てきたことを意味します。

ファシズムは共産主義よりも邪悪だとの洗脳

正統派の歴史観の欺瞞を見破るキーワードの一つが「ファシズム」や「ファシスト」です。ヒトラーは「20世紀最悪の独裁者」という評価が正統派歴史学者の一般的見解ですが、この言葉使いが巧妙な洗脳なのです。ヒトラー＝ナチス＝ファシストという連想は、20世紀最悪の政治体制はファシズムという印象操作です。つまり、ファシズムは共産主義よりも悪い体制であるということであり、ここに資本主義国家アメリカと共産主義国家ソ連が組んでナチス・ドイツというファシズム国家を打倒した第2次大戦が正当化されるわけです。ルーズベルト大統領の戦争指導は正しかったことをどうしても私たちの脳裏に刷り込みたいディープステートの魂胆《こんたん》が見え見えではありませんか。

私たちが覚えておくべき歴史上の出来事の一つに、クリミアにおけるユダヤ人自治区建設問題があります。2014年3月、ウクライナ危機の際にプーチン大統領がウクライナ領であったクリミアを住民投票の結果を得てロシアに併合した事件です。この事件は単にロシアの領土拡張欲の結果とするのは実に短絡的見解で、クリミアとロシアとの関係には複雑な過去があります。第2次大戦中に、クリミアにユダヤ人自治区を建設しようという運動が盛り上がりました。この運動を主導したのが反ファシスト・ユダヤ委員会のリーダーである国際労働組合インターの元議長ソロモン・ロゾフスキー、高名な舞台芸術家ソロモン・ミホエルス、モロトフ外相夫人のポリーナ・ジェムチュジナなどユダヤ系ロシア人たちでした。ウクライナがナチスの占領から解放された1944年に、彼らはスターリン首相に対し、クリミア半島をユダヤ人自治区にするよう訴えたのです。この訴えはソ連の最高意思決定機関である共産党政治局において議論されましたが、最終的にスターリンが拒否しました。

この事件は大変興味深い意味を含んでいます。まず、ユダヤ人が反ファシストという組織を作ったことです。もともとの目的はヒトラーと戦っていたソ連軍に関する情報をユダヤ人の影響力が強かったアメリカの新聞社に送ることでした。ユダヤ系共産主義者の目的はヒトラーのファシスト国家を打倒することでしたから、アメリカのユダヤ系新聞社に反ヒトラー戦争の情報を送り続けていたのです。

第二に、スターリンが拒否した理由です。後に首相となるフルシチョフは回想録の中で、「スターリンはこの提案の背後にアメリカのシオニストの影響を見たからだ」として、「クリミアにユダヤ人国家を作ることによってソ連の安全の脅威になるアメリカ帝国主義の前哨を打ち立てようとしていると非難した」と述懐しています。スターリンが第2次大戦中の時点で既にアメリカの支配層がシオニストであることを見抜いていたことを窺《うかが》わせる興味深いエピソードです。

現在のアメリカで、反黒人差別暴動を起こした過激暴力集団アンティファとはアンティファシスト、すなわち反ファシストなのです。ディープステートの一員の共産主義者ジョージ・ソロスが育成した過激暴力集団の名前が反ファシストであることに、歴史的な深みを感じざるを得ません。反ファシストという旗印は、泣く子も黙る印籠なのです。共産主義者が自らの暴力を正当化するために使われる口実です。かつては、ロシア革命など共産主義革命や各国の共産主義運動に反対する勢力に対して使われた反動というレッテル貼りと同様です。〝反動〟と非難さえすれば、それ以上論争する必要はないわけです。「お前はファシストだ」と名指しされれば、最悪の人間だと言われるのと同義なのです。このような言葉使いに、共産主義の悪を隠蔽《いんぺい》する巧妙な仕掛けが隠されていることを見抜くことが必要です。現在でも、政府や民族主義政党（特にドイツなどＥＵ諸国における反移民政党）などの批判にファシズムという言葉が使われていることに注意してください。

アンティファに話を戻すと、左翼リベラルや共産主義者が反対者を誹謗中傷する時に使う常套句です。ジョージ・ソロスなどディープステートはトランプ大統領はファシストだと中傷しているのです。その含意は、トランプはヒトラー並みの巨悪だと宣告していることになります。一応ホワイトハウスを退いたトランプ氏が、今後ファシストとして大々的に非難中傷される危険性が十分あります。なぜなら、ファシストとレッテルを貼りさえすれば、ディープステートの陰謀よりも邪悪であると決めつけることができ、彼らが犯した史上空前の選挙不正さえ、ファシストを抑えるためにはやむを得ない措置であったと事後的に国民を納得させる口実に使われる余地が残されているといえましょう。そのようなディープステートの暴挙を許さないためにも、私たちは共産主義の方がファシズムよりも遥《はる》かに邪悪であることをしっかりと理解しなければなりません。

もう一つ、ファシズムが共産主義の脅威を中和する目的で使われた例が人民戦線方式です。

例えば、１９３０年代のフランスは左右政党の激しい対立のために内戦に近い危機的様相を呈していました。４、５年の間に内閣が10回以上目まぐるしく交代する有様でした。このような混乱の中で、いわゆる保守の政治団体の台頭が目立ってきました。保守勢力は一般に右翼勢力と見なされ、ファシストの汚名を着せられる状況にありました。そこで、既存政党の共通の敵ファシストに対抗するため、綱領の違いを越えて急進社会党、社会党、共産党を中心として人民戦線が結成されました。つまり、ファシストが既存政党の共通の敵であると認識されたために、共産党を含めた人民戦線が成立したのです。人民戦線の綱領では、民主的自由の擁護、平和の擁護と並んで、ファシスト団体との闘争が掲げられました。ここにも、共産主義よりもファシストの方が危険であるとの図式が成り立っていたのです。

フランス人民戦線に続いて、１９３６年、スペインでもフランコ将軍率いる「ファシスト勢力」に対抗するため人民戦線内閣（左派共和党、共和統一党、社会党、共産党など）が樹立されました。フランスと同様、ファシストは共産党より危険であるとの認識による諸政党の団結です。これらの背景には、第７回コミンテルン大会（１９３５年開催）においてファシズムの危険に対抗するためにいわゆるブルジョワ政党から共産党に至るまでの統一戦線の呼びかけがあったのです。

繰り返しになりますが、注意すべきは統一戦線（人民戦線）方式が共産党の危険をカモフラージュするために考案されたという点です。

欧州議会決議「欧州の未来に向けた重要な欧州の記憶」

ＥＵの欧州議会は２０１９年9月19日、「欧州の未来に向けた重要な欧州の記憶」決議を採択しました。この決議の意義はこれまで第２次大戦の原因はヒトラーのポーランド侵攻であるとの正統派歴史観を一部修正し、「第２次大戦が勃発した原因は１９３９年8月23日に締結された独ソ不可侵条約とその秘密議定書（ナチスとソ連でポーランドを分割する取り決め）の直接の結果である」と断定したことです。先に見たように、それまでナチス（ファシズム）は共産主義より邪悪であるから、民主主義国アメリカやイギリスなどは共産主義国ソ連と手を結んでヒトラーのナチスと戦ったと弁解されていたのです。

今回の欧州議会決議は、ファシズムのナチスと共産主義を同等の悪と見なしたことを意味しており、従来の歴史認識を半歩前進させる画期的な出来事でした。「20世紀において、ナチスと共産主義政権は大量殺戮、大量虐殺、国外追放を実行し、人類の歴史上、他に見られない規模で生命と自由の喪失を引き起こした。共産主義による蛮行は、ナチス政権によって行われたホロコーストの恐ろしい犯罪を想起させる。よって、ナチス、共産主義、および他の全体主義政権によって行われた攻撃行為と人道に対する罪および大規模な人権侵害を最も強い言葉で非難する」との決議の内容に接して、感慨深いものがありました。言うなれば、この決議はディープステートの歴史認識支配に大きな風穴を開けたものです。先ほど半歩前進と言いましたが、ヨーロッパにおけるディープステートの影響力に鑑みれば、現段階では共産主義の方がナチスより悪であると断定できないのは、致し方ないと言えます。

この決議は同時に、現在の共産主義国中国で進行中のウイグル人に対する強制収容所における思想改造や臓器摘出、不妊手術など、ウイグル人に対するジェノサイドへの警告と見ることもできます。既にトランプ前政権や現在のバイデン政権は中共のウイグル弾圧はジェノサイドと認定しています。EUも事実上そう認定していると言ってもよいでしょう。西側諸国では、わが国だけがジェノサイドではないと主張しています。

ジェノサイド(民族絶滅)を生んだユダヤ思想

１００年前のロシア革命によって史上初めて共産主義国家が誕生しましたが、何故ユダヤ人革命家たちはロシア人に対する大量虐殺（ジェノサイド）を行ったのか、その理由を解くカギが実は旧約聖書に残されています。歴史上最初に民族皆殺し、すなわちジェノサイドを行ったのはユダヤ人たちでした。その様子を旧約聖書の「ヨシュア記」は余すことなく伝えています。モーゼが奴隷の身分に落とされていたユダヤ人を率いてエジプトを脱出した苦難の物語は、現在もユダヤ人にとっての最大の祝日である「過《す》ぎ越《こ》しの祭り」(ペサハ）に受け継がれています。「過ぎ越しの祭り」とは、脱出を前にエジプトを襲った疫病がユダヤ人の家屋を通り過ぎて去っていったという故事に由来するのですが、神の救いと先祖の苦難に思いを馳せ、各家庭で連綿と語り継がれているアイデンティティ・ドラマなのです。

ユダヤ民族にとっての英雄であるモーゼは約束の地カナンを目前にして亡くなったた

め、後を継いだヨシュアがカナンの要衝エリコを攻め滅ぼすのですが、このエリコ攻略が史上初のジェノサイドなのです。旧約聖書によれば、ヨシュアは絶対神ヤーベの指示に従い、スパイを潜入させたり、エリコの住民の中に協力者を獲得したりしながら見事攻略に成功するのですが、その際ヨシュアたちは「男も女も、若者も老人も、また牛、羊、ロバに至るまで町にあるものはことごとく剣にかけて滅ぼし尽くした」(日本聖書協会新共同訳)のです。彼らはこのジェノサイドを肯定しています。なぜなら、神ヤーベが命じたことだからです。

このような発想は私たちには受け入れがたいのですが、彼らは矛盾を感じていないのです。現在に至るも旧約聖書にこの一節がそのまま残されていることが、他民族に対するジェノサイドを彼らが肯定していることを物語っていると言えます。神の教えに従うという条件が付きますが。これが政治的に利用されたのがロシア革命時におけるロシア人大虐殺といえます。当初の大虐殺はレーニンの指導の下に秘密警察を中心に行われましたが、後にはスターリンが農業集団化の際に反対するウクライナ農民に対してジェノサイドを行ったと非難されています。さらに、前述したように第2次大戦末期には東欧諸国に住んでいたドイツ人に対してソ連軍兵士たちが無差別殺害を行いました。

ディアスポラ・ユダヤが共産主義を生んだ

私たちのように生まれ故郷の国で生活することが常である国民には理解しがたいことなのですが、ユダヤ人の歴史は生まれ故郷を捨てて神の命じる他国の土地に移住することから始まるのです。今日グローバリズムが奨励する移民の自由化はユダヤ思想そのものです。フランスのグローバリストのジャック・アタリは「ユダヤ人はノマドの民である」と表現していますが、ノマドとは移民ということです。さらに、人類は須《すべか》らくノマド化しなくてはならないとまで断言しています。言ってみれば、移民の自由化とは世界の人々がユダヤ化すると言うことと同義なのです。彼らは紀元70年にローマ帝国に滅ぼされて以来、約２０００年にわたり国を失った苦難の歴史があると世界に訴えていますが、１９４８年にイスラエルが建国されても依然として約１０００万人のユダヤ人はイスラエルに帰還せず、世界各国に散らばって住んでいるわけです。彼らユダヤ人のことを指してディアスポラ・ユダヤ人と言います。

これに対し、イスラエルに帰還したユダヤ人のことをナショナル・ユダヤ人と私は呼んでいます。国を失ったユダヤ人を強調すれば、世界の同情を買うことになるのですが、現実には敢えて祖国に帰らず離散の生活を選んだユダヤ人も決して少なくないのです。こういう言い方はやや酷かもしれませんが、離散そのものは決して被害者の証明にはならないと思います。もっとも、自らの選択とはいえ他国の文化の中で同化せずに生きることには様々なリスクが伴うことでしょう。そのリスクを避けるために彼らが保身術にたけていることは決して非難されることではないでしょう。問題は、彼らの保身術が保身のレベルを超えて寄生国を支配しようとした場合です。ロシア革命やワイマール共和国、そして今日のアメリカなど、既にその例を見てきたとおりです。

彼らの保身術の一つが「反ユダヤ主義」というレッテル貼りです。ロシア革命時の際は、2分の1ユダヤ人であるレーニンは反ユダヤ主義の取り締まりを行いました。他の共産主義国でも反ユダヤ主義を禁止するケースが多々見られました。共産党政権の大宗がユダヤ人に占められていましたので、当然といえば当然ですが、「反ユダヤ主義」は現在ではヘイト犯罪の最たる位置づけになっています。アメリカでは事実上「ユダヤ人云々」と言及することは依然としてタブーになっています。かつて、有名なハリウッド俳優のマーロン・ブランドがユダヤ人批判の発言をした直後に、涙ながらに謝罪会見を行った事件は、今日まで語り継がれています。アメリカの言論界では、現在でもユダヤ人に触れることは依然としてタブー視されているのです。ポリティカル・コレクトネスの隠れた最大のターゲットはユダヤ批判を封じることにあると言っても過言ではありません。

ところで、トランプ大統領の対ユダヤ観がよくわからないとの疑問をお持ちの方が少なくないと思われます。トランプ大統領は愛娘のイバンカさんの夫君がユダヤ人であり、彼女もユダヤ教に改宗しています。だから当然ユダヤ勢力の味方と思いがちですが、アメリカ国内のディープステートからは敵対視されているのです。これは、トランプ氏が確たるユダヤ政策を持っていないからではありません。ナショナル・ユダヤ人の国家イスラエルを強く支持しているのが、トランプ大統領だったのです。

ところが、ディアスポラ・ユダヤ勢力はトランプ大統領のイスラエル国家重視政策を快く思っていません。ディアスポラ・ユダヤ勢力、つまりディープステートが目指すのが世界統一だからです。イスラエル国家という枠に閉じ込められてしまえば、どうしても活動が制約されます。イスラエルという国家が世界の盟主として君臨することは常識的に考えても不可能でしょう。すでに述べたように、ディープステートは国家を廃止することを狙っているのですから。国家という固有の伝統と文化を持った扱いにくい存在がなくなれば、彼らの金力（マネーの力）で世界を統一することが可能になるわけなのです。トランプ大統領がアメリカの有力なイスラエル・ロビーの支持を受けていても、もう一つのユダヤ・ロビーであるディープステートからは敵対視されていた理由がお分かりいただけたと思います。

普遍主義と民族主義

ユダヤ思想には歴史的に二つの流れが見て取れます。普遍主義と民族主義です。旧約聖書には様々な預言者（神の言葉を預かって人々に知らしめる賢者）が現れますが、普遍主義を唱える予言者と民族主義を鼓舞する予言者に大別されます。普遍主義の予言者として有名なのがイザヤであり、一言で言えば「人類は皆兄弟」と説きました。対照的なのがホセアで「ユダヤ民族は選民である」と強調しました。しかし、この両者は全く相容れないものではありません。むしろ、底流に置いて繋《つな》がっているともいえるわけです。

普遍主義も民族主義もイスラエルとユダヤ人の生存をいかに確保するかという困難な

安全保障上の課題に対する答えであるわけです。現在はユダヤ人国家としてイスラエルが存在しています。旧約聖書にも書かれていますが、過去ユダヤ人はしばしば祖国を失う破目に陥りました。そこで、彼らにとって最大の課題は、祖国が滅んだ状況の中でいかに民族として生き延びるかにあったのです。

民族主義が教えるのは、神の選民としてのユダヤ人のアイデンティティを保持することが民族の生存には必要だということです。普遍主義とはユダヤ人と非ユダヤ人との関係性の基本になるわけですが、ユダヤ人は人類に普遍的なメッセージを伝える使命があり、そのために様々な世界の主要地にユダヤ人が存在することが必要だとするのです。

つまり、民族主義のためにはイスラエルという国家が必要であるが、国家というものはいつ滅ぶかわからないから、ユダヤ民族のアイデンティティであるユダヤ教を存続させるためには、イスラエル国家の外の世界にディアスポラ・ユダヤ人が存在する必要があるというものです。非ユダヤ人の私たちにも、ここまでは理解できます。しかし問題はこれからです。ディアスポラ・ユダヤ人は単にユダヤ教を遵守するためにだけ存在するのではなく、ユダヤ教が教える人類に普遍的な価値、例えばイザヤが言うように「人類は皆兄弟」というメッセージを広めることによって、世界がユダヤ化されることになり、ひいてはユダヤ民族の安全に寄与すると考えたからなのです。

この普遍主義思想の一つが共産主義です。共産主義は一見搾取のない理想社会を唱えるがゆえに、国家の枠を超えた普遍性を持っているとされるわけです。これを21世紀の言葉に言い換えれば、国際主義、グローバリズムになるわけです。自由、平等、博愛というフランス革命のスローガンもユダヤ普遍思想です。繰り返しになりますが、今日の流行語で言えば、ポリティカル・コレクトネスという普遍的価値に変貌しているのです。彼らが普遍的ユダヤ思想へ私たちを改宗し、彼らの安全を確保しようとしているのです。改宗させた普遍思想の解釈権はユダヤ人が保持しているというわけです。従って、普遍思想はユダヤ人に有利なわけです。ポリティカル・コレクトネスはアイデンティティ・ポリティクス（差別強調政治）と同義ですが、メディアや教育などを通じこれらを強調することによって、ユダヤ人の安全が高まるわけです。ユダヤ人に取って民族主義と普遍主義は同根ですが、非ユダヤ人にとっては普遍主義しか認められないのです。グローバリズムの下では、民族主義的なるものはユダヤ人が独占することになるのです。

ポリティカル・コレクトネスやアイデンティティ・ポリティクスを広めたのは、フランクフルト学派の批判理論ですが、その担い手になったのが当時ドイツのフランクフルト大学の社会研究所にいた、ヘルベルト・マルクーゼのようなディアスポラ・ユダヤ人学者であったことは不思議ではありません。表向きは権力者などの権威を批判しマジョリティが作り上げた社会秩序を破壊することを唱えていますが、決して弱者の味方をしているわけではありません。彼らは自らが世界の少数派であることを自覚しており、それゆえに非ユダヤ人の多数派が有する文化的影響力を削《そ》ぐことを目的として、批判理論を発展させたと考えられます。批判理論を隠れ蓑にしてユダヤ思想を拡大することを狙っているのです。その結果は世界の思想のユダヤ化であり、世界統一の精神的支柱とするわけです。

以上を要約すれば、現在の世界を二分しているグローバリズムvsナショナリズムの対立は、普遍主義vs民族主義のことであり、いずれもユダヤ思想に見られる「両建て主義」の産物ということができます。この両建て主義が曲者なのです。ただし、両建て主義は彼らに取ってのみ通用する方式で、非ユダヤ人の多くは普遍主義と民族主義は根本的に対立していると無意識的に思い込んでいる危険があるのです。普遍主義と民族主義をどう架橋するか、その知恵を古来保持していたのが、私たち日本人です。この点については、第4章で詳しく論じる予定です。

アメリカの助力で誕生した中国共産党政権

第2次大戦はアメリカに率いられた民主勢力連合国が日独伊のファシズム枢軸国を破った正義の戦いだったというのが世界共通の教科書的認識です。しかし、彼ら連合国、特にアメリカは、ならば民主主義連合が勝利したはずなのに、何故中国に共産主義独裁政権が誕生したのか、アメリカは本当に勝ったと言えるのか、という素朴な質問には現在に至るも答えられないのです。アメリカは毛沢東の共産主義勢力を過小評価していた、毛沢東に騙された云々、と耳に胼胝《たこ》ができるほど聞かされてきました。正しい答えは、アメリカは第2次大戦中から蔣介石《しょうかいせき》の国民党ではなく毛沢東の共産党を支援して、中国を共産化するために日本と戦ったと言うことです。もちろん、このような回答では大学入試には受かりません。大学の先生方は、何かを隠しているのか、あるいは真実に無知なのか、どちらなのでしょうか。

すでに、この間の真相は様々な機会に明らかにしてきましたので、本稿では簡単に触れるに留めますが、結論を一言で言えば、中華人民共和国はディープステートが意図的に作ったということです。アメリカが作ったというと理解不可能になりますが、ルーズベルト大統領やトルーマン大統領の背後にいたディープステートが毛沢東を支援していたことは、これまで本書を読んでこられた読者の方々には理解されるのではないでしょうか。

中華人民共和国成立の立役者はアメリカのジョージ・マーシャル将軍です。マーシャルは陸軍参謀総長として第２次大戦のアメリカ軍を指導した英雄ですが、なぜか大戦終了後国民政府軍と共産党軍の間で内戦が開始された中国にトルーマン大統領の特使として派遣されました（１９４５年12月から47年1月）。マーシャルは蔣介石に対して何と共産軍に対する戦闘の停止と共産党との連立政権を要求しました。民主主義国のアメリカが一緒に日本と戦った国民政府に対し共産党との連立政権を要求すること自体、蔣介石の理解を超えていたことでしょう。

もし、蔣介石がこの要求を拒否すれば以後、アメリカは蔣介石を支持しないと脅迫しました。なかなか応じない蔣介石に対し、マーシャルは軍事援助を停止しました。実は蔣介石はこの時点で満洲において共産党軍に壊滅的打撃を与えていたのです。しかし、アメリカの支持を失えば、政権維持は不可能です。蔣介石は共産党軍との停戦に応じましたが、苦渋の選択だったと同情したくなります。

停戦には同意したものの、共産党との連立政権の要求は蔣介石として最後まで呑《の》むことができませんでした。これは当然のことで、共産党との連立政権は中国共産党の背後にいるソ連共産党に乗っ取られることを意味します。いわゆる人民戦線方式の歴史を知っていれば、共産党との連立の結末は明らかなのです。マーシャル特使があくまで共産党との連立に拘《こだわ》ったわけは、マーシャルの背後にいるディープステートが中国を共産化しようとしていたことを証明しています。このようなマーシャル将軍の態度に不信を持ったのが、終戦末期の1944年10月に中国方面アメリカ軍総司令官及び蔣介石の参謀長となったアルバート・ウェデマイヤー中将でした（1946年4月まで）。

ウェデマイヤーは前任のジョセフ・スティルウエルが共産主義者に融和的で蔣介石の怒りを買って更迭《こうてつ》された後を襲ったのですが、ウェデマイヤーは共産主義の脅威を正しく理解していました。彼は回想録『第二次大戦に勝者なし』（講談社学術文庫、1997年）の中で、ヒトラーよりもスターリンの方が危険だと指摘しています。第2次大戦の大義であるファシズムを打倒するためにアメリカが共産主義国ソ連と組んだことに疑問を持っていたのです。その意味で、ウェデマイヤーはディープステートとは一線を画していたと言えます。

ウェデマイヤーは、中国に派遣されたマーシャルは大戦での戦争指導などで疲労困憊していたから、中国情勢を的確に把握することができなかったと軍の先輩を立ててはいますが、彼のマーシャル評には厳しいものがあります。アメリカは蔣介石を支援すべきであり、国民党と共産党との妥協を図ることは不可能であるとマーシャルに進言したウェデマイヤーは、中国のすべての罪悪を蔣介石の所為《せい》にするマーシャルとは意見が衝突しました。しかし、マーシャルは蔣介石に民主的な改革を行うよう圧力をかけるとともに、あくまで共産党との連立政権にこだわり続けました。ウェデマイヤーはマーシャルが共産主義に無知だったとして、アメリカ国内の共産主義融和勢力である国務省を強く批判しています。マーシャルが国務長官に就任するため中国を去ったのが1947年1月ですが、この頃には劣勢だった共産勢力が力を盛り返していたのです。

マーシャルが共産主義者との連立に拘泥《こうでい》したのは、必ずしも彼が共産主義の脅威に無知であったからではありません。国務省や国防省統合幕僚会議は中国内の紛争において米軍は中立を維持すべきであり、アメリカの対中援助は国民政府が共産側と妥協するか否かにかかっているとの姿勢で一貫していました。裏返せば、蔣介石ではなく共産主義勢力を支援する方針であったのです。

　ウェデマイヤーにもう一度巻き返すチャンスが訪れました。１９４７年の７月から８月にかけて使節団を率いて中国の実情を視察することになったのです。視察後、ウェデマイヤーは大統領に蔣介石の国民政府への援助を勧告する報告書を提出しました。ところが、この報告書はマーシャル国務長官によって公表が禁止されたのです。理由は言うまでもなく、国務省が対中援助の条件として、アメリカと中国共産主義者の双方から民主的と見なされる中国政府の樹立を要求したからです。要するに国務省の対中政策を牛《ぎゅう》耳《じ》っていた共産主義者などの容共勢力の姿勢は、中国政府が民主的であるかどうかは中国共産党が決めるというのに等しいのです。アメリカが中国に共産主義政権を樹立する決意であることが改めて証明されたわけです。このような国務省に侵入していた共産主義者たちこそ、２０１８年の中間選挙遊説中にトランプ大統領がディープステートとして非難した特定の利益を代弁する官僚群の先駆けと言えます。

　なお、ウェデマイヤーの中国におけるもう一つの重大ミッションは約４００万人の日本軍人と在留日本人の本国送還オペレーションでした。中国共産党に厳しいウェデマイヤーのお蔭で、共産党勢力の妨害や混乱もなく日本送還が終了したことについて、私たちは感謝しなければならないでしょう。

ところで、なぜ蒋介石は日本との和平に応じず戦い続けたのか、最終的に毛沢東に敗れることになったのは、自業自得ではないかと言いたくなります。日本政府はいわゆる盧溝橋《ろこうきょう》事件以来、とりわけ首都南京攻略を目前にした第2次上海事件後、幾度も和平を提案しましたが、些細な難癖をつけて応じなかったのは蒋介石でした。もっとも、ポーランドとヒトラーの交渉の例で見たように、蒋介石の背後であくまで日本と戦うように圧力をかけていたのはアメリカでした。戦後にアメリカ国内の各層に浸透していた共産主義者を暴いた「赤狩り」を主導したジョセフ・マッカーシーは、首都南京を追われて重慶にまで逃げ延びた蒋介石にあくまで日本と戦うよう圧力をかけたのはアメリカだったと、『共産中国はアメリカが作った』（成甲書房、２００５年）で告白しています。

アメリカが蒋介石にあくまで日本と戦うよう圧力をかけ続けたのは、共産党政権を樹立するために障害となる蒋介石の国民党軍を対日戦で疲弊させる必要があったわけです。蒋介石もアメリカの魂胆を読み誤りました。蒋介石が政権を取った頃は、夫人の宋美齢《そうびれい》ともどもアメリカで中国民主化のリーダーとして大歓迎を受けて有頂天になっていたのかもしれませんが、毛沢東政権樹立を目指すアメリカの隠された意図をおくびにも出さず蔣介石を騙して日本と戦わせたディープステートの巧妙な戦術は、まさに青天の霹靂《へきれき》だったことでしょう。

話をマーシャル将軍に戻しますと、このような人物が第2次大戦や米ソ冷戦開始後のソ連にとって得難い人物であったことを窺わせるのが、アンドレイ・グロムイコ外相の回顧録です。グロムイコは『グロムイコ回想録』（読売新聞社、1989年）の中で「ジョージ・マーシャルは戦時中の軍、政界における有力者だった。彼の重要性は、テヘラン、ヤルタ、ポツダムの各会談に参加した事実から分かる。政府は戦後も彼の権威を当てにした」とマーシャルを評価しています。この戦後の権威の中に、中華人民共和国設立に際してのマーシャルの役割が含まれているように解釈されます。しかし一方で、ソ連にとってマーシャルは国務長官時代に共産化防止のためにヨーロッパ経済の復興に対する援助計画、マーシャルプランを立ち上げ、ソ連の脅威に軍事的に対抗するNATO創設に主導的役割を果たしたにもかかわらず、グロムイコは「マーシャルには外交官のモーニングコートも軍服もともによく似合ったようだ」とほめているのです。

ソ連がマーシャルをあてにしていたことは、マッカーシーも指摘しているところです。マッカーシーは前掲書の中で、スターリンもマーシャルを称賛していたことを当時のジェームズ・バーンズ国務長官の著書『率直に語る』（中部日本新聞社）を引用して、「スターリンは中国問題に決着をつけられる人間はマーシャル以外にいないと言った。スターリンは正確にはこう言ったかもしれない、自分が満足できるようにと」と述べています。

この一節からも、中華人民共和国建設の秘密が窺《うかが》われます。アメリカのディープステートの代理人ジョージ・マーシャルがソ連のために毛沢東が勝利するよう図ったということです。ディープステートとソ連の利害は一致していたのです。既述の通りソ連をディープステートが作ったことを考えれば、それは当然のことです。

朝鮮戦争の謎その１――アチソン国務長官の演説

１９５０年６月に勃発した朝鮮戦争はディープステートが巧妙に仕組んだ戦争でした。朝鮮戦争の謎については拙著『国難の正体』（ビジネス社、２０１４年）で詳細に論じましたので、本書ではポイントのみ述べたいと思います。

1950年1月、ディーン・アチソン国務長官はプレスクラブで「中国大陸から台湾へ侵攻があっても、台湾防衛のためにアメリカが介入することはない。アメリカのアジア地域での防衛線には南朝鮮を含めない」と演説しました。中華人民共和国による台湾攻撃と北朝鮮による南朝鮮（韓国）攻撃を容認する驚愕すべき内容です。

ちなみに、アチソン国務長官はバーンズ国務長官の下で国務次官を務め、トルーマン大統領、マーシャル将軍と共に中国の共産化を推進した張本人です。容共派で有名でした。1950年は国防長官マーシャル、トルーマン、アチソンの容共トリオでアメリカの安全保障政策を実行したというわけです。アメリカは形式上は蔣介石の台湾と国交を有していたのですが、この演説からは事実上無視されているのがよくわかります。共産主義の伸長を抑止する「トルーマン・ドクトリン」が空しく聞こえる演説です。この演説は中華人民共和国建国からわずか3カ月後に行われたのですが、アメリカが作り上げた毛沢東政権に対する配慮が色濃く窺《うかが》われて興味がつきません。

後半部分の韓国はアメリカの防衛線の外との発言は、アメリカが作った李承晩政権に対する絶縁状に等しいと言えます。つまり、北朝鮮の金日成に韓国に侵攻してもアメリカは介入しないとの餌を蒔いたのです。金日成が飛びついたのは当然です。この演説からほぼ半年後の６月25日、北朝鮮軍は38度線を突破し、手薄な韓国軍を蹴散らしながら釜山まで迫りました。韓国はアメリカの同盟国のはずですが、アメリカが何故韓国を見捨てるような演説を行ったのでしょうか。北朝鮮軍の侵略に関して、学界などでも論争があり左翼系の学者は、韓国やアメリカの侵略だと主張し、保守系の学者たちは北朝鮮の侵略だと渡り合いました。当然、北朝鮮の侵略なのですが、その種を蒔いたのがアメリカということからすれば、アメリカの謀略による戦争というのが正解になります。しかし、この見解は正統派歴史認識にはなっていません。その理由は、改めて説明する必要はないでしょう。ディープステートにとって朝鮮戦争を誘発した謀略がばれると困ることになるのですから。

謎その２――国連軍の創設

さて、釜山まで追い込まれた韓国軍を救済するため国連軍が編成されました。国連軍司令官にはＧＨＱ総司令官であったダグラス・マッカーサーが任命され、朝鮮での作戦に従事することになりました。ところで、ここに疑問が生じます。国連軍は何故創設に至ったのでしょうか。私たちは教科書で国連軍の創設には国連安全保障理事会の拒否権を持った五大国の承認が必要と習います。ところで、五大国の中には北朝鮮の同盟国ソ連が入っているのです。従って、北朝鮮に不利になる国連軍の創設にソ連が拒否権を使えば国連軍は編成されないことになるはずです。

では、一体何が起こったのでしょうか。実は、ソ連は安保理審議を欠席したのです。従って、残りの四大国を含む賛成多数で国連軍の創設が決まりました。そこで疑問が生じます。ではなぜソ連はこんな重要な審議に欠席したのでしょうか。その答えは前掲の『グロムイコ回想録』の中に見出せます。グロムイコによれば、スターリンが欠席するよう命令したというのです。当時ソ連政府内で安保理にどう対応するかが論議されていました。その際、グロムイコはスターリンに対し「もし安保理が北朝鮮またはソ連に対し、あるいは双方に対し、何らかの動議を行った場合、(安保理ソ連代表の)マリクが拒否権を行使し、可決を阻止しなければならない」と進言しましたが、スターリンの答えは「私の考えでは、ソ連部代表は安保理会議に出席するべきではないな」というものでした。グロムイコは反論して、ソ連が欠席すれば、安保理は韓国を支援する国連軍の創設などソ連に不利となるよう自由に事を運ぶことができると警告したが、結局スターリンは自説を曲げなかったと述懐しています。

事実、国連軍が朝鮮半島に送り込まれて北朝鮮軍を中国との国境近くまで追い詰めるのですが、グロムイコは「さすがのスターリンも感情に惑わされて、最良の決定を成し得なかった」と他人事のようなコメントを残しています。つまり、安保理欠席という決定的な判断の誤りを犯した割には、グロムイコは冷静なのです。ということは、グロムイコも安保理欠席をそう深刻な事態とは受け止めていなかったことを示唆しています。スターリンが欠席するように命令したのは、ディープステートと裏で通じていたからだと推測されますが、グロムイコもディープステートの意図を受け入れていたと解釈されるエピソードです。

謎その3——マッカーサーは軍事攻撃を制約されていた

スターリンが国連軍創設を事実上認めた理由は、朝鮮半島における戦闘の実際を検証すれば明らかになります。マッカーサー指揮下の国連軍は38度線を越えて北朝鮮軍を中国満洲との国境付近まで追い詰めますが、ここで中共義勇軍が参戦してきました。結果、戦局は一進一退となり、1953年7月に38度線を境に休戦協定が結ばれました。『マッカーサー回想記』(朝日新聞社)に従って戦局を見てみますと、驚くべきことがわかります。アメリカはマッカーサーに必要な武器や人員を手当てせず、国連軍の旗の下に戦っていたアメリカ軍が戦闘で勝利を収めるのを故意に妨害したと見られることです。必要な武器兵員を投入すれば簡単に勝てた戦争を3年も長引かせた挙句、もとの38度線で休戦という消耗戦でした。なぜアメリカは勝とうとしなかったのか、その理由は先に見た中華人民共和国の成立秘話に通じています。

マッカーサーは中共軍に勝つ作戦をアメリカ政府に進言し続けます。特に、中共軍の朝鮮への侵攻ルートである鴨緑江《おうりょくこう》にかかる橋梁の爆撃許可を求めたのに対し、イギリスと協議した結果であるとして「満洲国境から8キロの範囲内にある目標に対する爆撃はすべて延期する」という厳しい回答でした。これだけでもマッカーサーを落胆させるに十分でしたが、マッカーサーは驚愕すべき事情を明らかにしています。マッカーサーの作戦行動の詳細はアメリカ国務省(ディーン・ラスク国務次官補)を通じてイギリスに伝えられ、イギリスからソ連とインドを通じ、中共軍と北朝鮮軍に流されていたのです。中共側は満洲内部における補給線を攻撃される恐れがないことを知っていたので、これらの地帯をいわば聖域として使っていたというのです。

つまり、アメリカがわざわざ中共軍のために絶対に攻撃されない聖域を提供していたわけです。アメリカが戦争相手を手厚く保護するといったバカな戦争があるのでしょうか。

マッカーサーはウェデマイヤーと同様、アメリカが共産主義者との戦いに関心が無いことをどうしても理解できなかったようです。マッカーサーも中国における国共内戦の時、マーシャル将軍が蔣介石に共産党との連立政権を強《し》いようとする悲劇的な過ちを犯したと批判していますが、共産党政権を樹立するべく工作を働いたマーシャルの本音は理解できなかったのです。マッカーサーは朝鮮戦争に参戦したいとの蔣介石の要望をワシントンに取り次ぎますが、その都度拒否されます。

「トルーマン大統領は蔣介石を非常にきらっており、蔣総統と仲よくする者は大統領の怒りを買うことを覚悟せねばならない」と述べつつ、「日本を相手にした時には、蔣介石と手をにぎることに反対しなかった連中が、なぜ共産勢力を相手にする時にはそれをいやがるのかは、ついに明らかにされなかった」と回想しています。読者の皆さんはマッカーサーやウェデマイヤーの疑問に答えられるはずです。建国直後の中共の権力基盤を固める必要と東西冷戦の枠組みを強化するために、中共に勝たせる必要があったのです。

謎その4──マッカーサーの議会証言

1951年4月11日、朝鮮戦争で勝とうと努力したマッカーサーは、マーシャル国防長官の意向に従わなかったとして解任されました。マーシャルはアメリカ軍が負けるような戦争指導を行ったのです。改めて強調しますが、ディープステートの影響下にあるアメリカ政府はアメリカ軍が敗北することを望んでいたのです。

マッカーサーは解任直後の5月3日、議会上院軍事外交委員会で証言を行いましたが、この席で驚くべき発言が飛び出しました。マッカーサーは「日本が太平洋戦争に突入したのは、大部分が安全保障上の必要によるものだった」と証言したのです。日本の戦争は侵略戦争ではないという意味ですから、東京裁判で弾劾された侵略国日本を真っ向から否定する爆弾証言でした。東京裁判を指揮して「平和に対する罪」で7人の日本人を処刑したその本人が、日本の戦争は侵略ではなく自衛戦争だったと認めたのです。

なぜマッカーサーは大東亜戦争を戦った日本の大義を事実上擁護する発言をしたので

しょうか。一般には、朝鮮戦争を戦った結果、朝鮮半島が日本の安全保障の生命線であることを理解したからと言われていますが、この見方を素直に受け取ることは出来ません。マッカーサーはアメリカ政府が国益よりも共産主義勢力の味方をしたことに憤慨したのだと感じます。さらに言えば、マッカーサーはアメリカのエスタブリッシュメントではなかったので真実を伝えられていなかったことを悟ったからではないでしょうか。アメリカの真のエスタブリッシュメント（つまりディープステートのことですが）はアメリカの国益を第一には考えていないことがわかったのでしょう。

朝鮮戦争においてマッカーサーと同じ印象を持ったアメリカの将軍がいます。マッカーサーの後任はマシュー・リッジウェイ将軍ですが、その後任で１９５３年７月に休戦協定に調印したマーク・クラーク将軍もマッカーサーと同じく「私に付与された任務は防戦的なものであった。私には勝利するための必要な権限も武器・兵員も与えられなかった」と悲痛な心境を吐露しています（『ダニューブ川から鴨緑江へ』未訳）。クラーク将軍もアメリカ兵が中共軍によってむざむざ殺戮されるのを黙認せざるを得なかったのです。

トランプ大統領は過去アメリカ兵士が無駄な血を流してきたとして、そのような事態は決して起こさないと公約しました。朝鮮戦争や次に述べるベトナム戦争はトランプ氏が言うようにアメリカ兵士が大義なく一方的に犠牲を強いられた典型例です。さらに言えば、第1次及び第2次大戦も大東亜戦争も、アメリカは戦争する国益上の必要がなかったのに謀略によって参戦して、アメリカ兵士の血を無駄に流してしまったと言えるでしょう。

ところで、マッカーサーの議会証言を無視しているのが何と日本なのです。教科書はもちろん書きませんし、国会でも真剣に取り上げられていません。日本政府も正面から議論したことはありません。僅《わず》かに麻生外務大臣が「日本の戦争目的は主に自衛のためだったとマッカーサーが証言している事実も、ちょっと我々は言葉の片隅で知っておかにゃいかぬ」とさらっと触れている程度です（2006年12月、衆議院外務委員会）。それどころか、日本は東京裁判を受け入れて国際社会に復帰したと外務省は国会答弁し（1985年11月、土井たか子社会党委員長に対する外務省小和田恆《ひさし》条約局長答弁）、侵略国日本という烙印を後生大事にしているのです。日本ファーストとはこのマッカーサー証言を教科書に記述することから始めては如何《いかが》かと思うほどです。

ベトナム戦争もアメリカはわざと負けた

団塊の世代の青春時代はベトナム戦争で明け、ベトナム戦争で暮れたと言っても過言ではないでしょう。１９６０年代から70年代は世界の若者たちの怒れる時代でした。一世を風靡《ふうび》したフォークソングも、元はといえばベトナム戦争に抗議する反戦歌が始まりでした。そのベトナム戦争も朝鮮戦争と同じくアメリカがわざと負けた戦いでした。詳細に入る前に、ベトナム戦争にアメリカが本格的に介入するようになったのは、１９６3年11月に起きたケネディ大統領暗殺事件でした。

ケネディ暗殺の真相については、大統領令によって政府ドルを発行したことでＦＲＢの通貨発行権に正面から挑戦したことが決定的理由に挙げられますが、それ以外にも米ソ関係改善政策やベトナムからの撤退問題が絡んでいます。これらは前年に起きたキューバ危機と密接な関連があるのです。

キューバ危機はソ連がアメリカの目と鼻の先キューバにアメリカを射程に収めるミサイル基地を建設したことに始まります。アメリカはソ連製ミサイルの搬入中止を要求しますが、ソ連が拒否したためキューバを海軍により海上封鎖しました。キューバ向けミサイルを積んだソ連艦船がこの封鎖線を実力で突破するか否かで米ソの直接衝突の危機が迫ったのです。封鎖線に近づいたソ連艦船はUターンして引き返しました。アメリカはキューバの安全を害しないことを約束し、ソ連はキューバからミサイルを撤去することで最終決着が図られました。これによって世界は米ソ核戦争の危機から免れたわけですが、皮肉にもこの結果がケネディ大統領の暗殺とフルシチョフ首相の失脚に繫《つな》がったのです。

ケネディはアメリカの実力を行使しました。それに対しソ連は対抗する実力がないことが露呈されたのです。これは米ソ両超大国を頂点とする東西冷戦体制が虚構であったことを暴露する結果となったのです。ディープステートにとって、自らが築き上げた東西冷戦体制のカラクリが一般に知られないために、ソ連の脆弱性を隠すようメディア対策を行ったのです。米ソが互いに妥協することによって危機が回避されたとの情報を世界に拡散しました。よって、世界はソ連の真相を知ることはなかったのです。

ところがケネディ大統領はソ連との関係改善に乗り出します。折角ソ連の脆弱性を隠すことに成功したディープステートにとって、米ソ関係の改善は東西冷戦構造を崩壊させる危険があったのです。彼らがなぜ反対したかについて、グロムイコ外相は回想録の中で興味深いエピソードを紹介しています。

グロムイコはケネディ暗殺の２カ月前の最後の会合が深く心に残っているとして、ホワイトハウスのバルコニーでの二人だけの会話を綴っています。ケネディはアメリカ国内には米ソ関係の改善を喜ばない二つのグループがあるとして、「一つは、イデオロギー的見地からいつも関係改善に反対する人々。こうした不満分子はいつの世にもいるものです。もう一方のグループは、『ある特定の民族』の人々で、彼らはいかなるときでも、クレムリンがアラブ人を擁護しており、イスラエルの敵であると信じて疑わない。このグループは、両国の関係改善の努力を困難にするための効果的手段を持ち合わせています」と述べたと記述しています。

グロムイコは丁寧にも、ケネディが言う「ある特定の民族」とはユダヤ・ロビーのことを指していたと注釈をつけています。そしてケネディは最後に「米ソ関係の問題でアメリカ大統領が直面するいくつかの困難について、ぜひとも知っておいていただきたかった」と語ったと述べています。

さて、問題はこれからです。グロムイコはケネディ暗殺の報を聞いた時の感想を、「自分でも理由がよく分からないのだが、最初にケネディ暗殺のタス通信社の報道を聞いたとき、すぐ私の心に浮かんだのは、あのホワイトハウスのテラスでの会話――ケネディは自分の政策に反対する者がいると言った――だった」と記しています。グロムイコはケネディを暗殺したのはユダヤ・ロビーだと示唆しているのです。ケネディが語ったユダヤ・ロビーの効果的手段に暗殺が含まれていたことを言いたかったのでしょう。暗殺後、ジョンソン大統領の下で米ソ関係は緊張の度を加えてゆきます。両国関係の改善は、ジョンソン大統領の後任のニクソン大統領による米ソデタントの時代にまで持ち越されました。

次に、ベトナム戦争です。先述したようにケネディ大統領はベトナムからの撤退を考えていました。しかし、ケネディ暗殺後副大統領から昇格したジョンソン大統領は、本格的にベトナム戦争にのめり込んでゆきました。ソ連の同盟国北ベトナムとその傀儡《かいらい》のベトコン（南ベトナム解放戦線）との戦いに、アメリカは最盛期には50万人の米兵を南ベトナム支援のために展開させました。

そんな中で、1966年10月、ジョンソン大統領は北ベトナムの後ろ盾であるソ連や東欧共産圏諸国に対し貿易の最恵国待遇（貿易において他国と差別しないこと）を与えると声明しました。この声明のポイントは、アメリカがソ連などに対し総額３００億ドルを融資し、ソ連などはこの資金をアメリカからの「非戦略物資」の輸入に当てるというものです。

ところが、「非戦略物資」には石油、航空機部品、レーダー、コンピュータ、トラック車両などの戦略物資が入っているのです。要するに、戦争の相手陣営に資金を貸して戦争遂行に必要な物資を購入させるという慈悲深い措置なのです。ソ連は当然アメリカが貸してくれた資金を使ってアメリカからこれら戦略物資を購入して、北ベトナムやベトコンに送りアメリカ軍との戦争に使用させたというわけです。アメリカはアメリカ兵を殺傷するためにソ連に援助したことになります。先に朝鮮戦争の項で見たように、アメリカはアメリカ兵士を犠牲にしたのです。

当時、このアメリカの対ソ連援助とベトナム戦争との関連は余り気づかれなかったようです。グロムイコは前掲書の中で「１９６６年のソ連共産党大会において、ソ連および他の社会主義国はベトナムに必要な援助をすると宣言したが、これはもっと真剣に受け止められてもよいものだった」と簡単に述べています。「１９６６年の共産党大会」に注目してください。アメリカの対ソ連圏融資決定の年です。もっともグロムイコはアメリカからの融資については一切触れていませんが、それは当然のことでしょう。ソ連がアメリカの資金を使って北ベトナムを援助することを公にしたら、アメリカ政府はいわば国家反逆罪に問われる可能性があるばかりか、東西冷戦の秘密を世界が知ることになるわけですから。しかし、私はグロムイコが自らの立場を害しない範囲内で世界の読者に米ソ関係の真実を知らせようとして回想録の随所にヒントを散りばめていると確信しています。そこに長年公職に携わったグロムイコの良心のようなものを感じます。

湾岸戦争はディープステートの古典的パターン

東西冷戦が終了して世界が平和の配当にあずかれると安堵した矢先、イラクのクウェート侵略による湾岸危機が発生しました。イラクはなぜクウェートに侵攻したのかを検証するとディープステートのいつものやり口が露わになります。イラクのフセイン大統領が突如クウェートに軍を進めたのは１９９０年8月2日のことです。１９８０年から8年間にわたりイランとの不毛な消耗戦を戦ったフセインにとって、まだ戦争の痛手から回復していないこの段階でクウェートに侵攻する積極的な動機は乏しいと言わざるを得ません。イギリスの仲介によってイラクに対イラン戦争の戦費を用立てたのはクウェートでした。また、アメリカの銀行はイラクへの新規融資の条件として、石油産業の民営化を要求しました。これを拒否したフセインへの警告として、すでに融資済みのイタリアのバンコ・ナチオナーレ・デル・ラボロ銀行アトランタ支店は、フセインが融資を大量破壊兵器製造に流用しているとして融資枠を減額しました。この流用は嘘なのですが、欧米のメディアがすっぱぬいた形でフェイクニュースを世界に報道しました。

このようにして、まずフセイン大統領は悪者に仕立て上げられていったのです。ここで注意していただきたいのですが、ディープステートの息のかかったメディアが非難攻撃の対象を悪者にする印象操作を行ったことです。こういう洗脳を行ったところで、次の段階に移行するのです。

クウェートからの融資返済要求に対し、イラク軍はクウェートとの国境沿いに展開し、両国間に俄《にわ》かに緊張が高まっていたのです。このような背景の中で、エイプリル・グラスピー駐イラク・アメリカ大使は7月27日にフセイン大統領に会談を求めます。その席で、グラスピー大使はアメリカ政府の訓令によるとして、「アメリカはイラクとクウェートの国境問題には関心がない」旨フセインに伝達しました。朝鮮戦争の項で述べたように、南朝鮮（韓国）はアメリカの防衛線の外だと述べて北朝鮮に韓国侵攻の餌を蒔いたアチソン演説と同じ手口です。

この会談直後の8月2日にイラク軍はクウェートに侵攻して全土を占領下におきました。湾岸危機の始まりです。鍵を握るのがグラスピー大使の侵攻容認発言ですが、アメリカ政府の公式態度は、ジェームズ・ベーカー国務長官の回想録『シャトル外交激動の四年』（新潮文庫、1997年）にあるように、グラスピー大使はフセイン大統領の突然の呼び出しにあって、アメリカ政府から特別の指示を受けずに「アメリカはイラク・クウェート間の問題には関与しないとの従来からのアメリカの立場を伝達したに過ぎない」というものです。従来の立場とは、イラクとクウェートとの間で紛争が生じた際アメリカが湾岸諸国に駐在するアメリカ大使に宛てた一般的訓令のことで、紛争の平和的解決を促すと共にイラク・クウェート間の問題にアメリカは関与しないが、クウェートの主権は支持するというものです。

この従来の立場からは、クウェート侵攻へのゴーサインと読み取ることは出来ません。もしこれがフセインへのゴーサインならば、もっと早くフセインはクウェートに侵攻していたことでしょう。グラスピー大使との会談直後に侵攻した事実が、ベーカー国務長官の見解の誤りを証明していると言えます。以上から合理的に推察されることは、グラスピー大使はアメリカ政府の個別の訓令を執行したと言わざるを得ないのです。アメリカはフセインを罠にかけたわけです。あたかも、北朝鮮の金日成を罠にかけたように。

ところで、罠にかけられたのはフセイン大統領だけではありません。イラクに次ぐ最大の標的はドイツと日本だったのです。アメリカのメディアでは、ドイツの対イラク技術援助がイラクの軍事力向上に貢献したとのドイツ非難キャンペーンが行われました。結局、ドイツは戦費66億ドルを負担させられました。当時の村田良平駐アメリカ日本大使は「8月下旬から9月上旬にかけて、日本とドイツの対応について既にかなり激しい批判が起こっていた」と述懐していますが（『村田良平回想録』ミネルヴァ書房、２００８年）、日本は結局戦費と経済援助を含め１３０億ドルの負担をしました。世界第二と第三の経済大国を批判の標的にしたことは明らかです。兵士を派遣することができない日本とドイツは、金で済ませたと軽蔑されることになり、安保ただ乗り論が幅を利かせたともいえます。うがった見方をすれば、日本とドイツに軍の派遣を求めるよりも金の貢献を求めた方がアメリカにとってメリットがあると考えられたとも邪推できます。メディアが騒いでディープステートが目指す方向に誘導するという彼らの古典的戦法に、今後とも注意が必要でしょう。

ところで、湾岸戦争におけるディープステートの狙いは何だったのでしょうか。その答えはブッシュ大統領の一連の発言の中に見出すことができます。ブッシュは上下両院合同会議（1990年9月11日）において、国連の下での新世界秩序（New World Order）が生まれようとしていると強調しました。さらに、イラクに勝利した後の年頭教書演説（1991年1月29日）においても、湾岸戦争は新世界秩序という長く待たれた約束を果たすための機会を提供するものだと改めて明らかにしたのです。

湾岸戦争はディープステートが長年温めてきた新世界秩序を実現する第一歩だというわけです。新世界秩序とはワンワールドのことを指すと容易に想像できます。世界は二大陣営が対立していた東西冷戦時代の次元から一段高めて、一つの世界、世界の統一に向けて動き始める契機になったのだという宣言でした。東西冷戦終了後、ディープステートはワンワールド樹立の意図を鮮明にしたのです。これがグローバリズム、つまりグローバル市場化による世界統一のことです。ブッシュ大統領とソ連のゴルバチョフ大統領はワンワールドを目指す仲間だったのです。ゴルバチョフはソ連崩壊後ゴルバチョフ財団を設立し、世界統一のための民間活動を展開しました。

ブッシュがディープステートから選ばれた政治家であったことを物語る興味深いエピソードがあります。1975年10月にキッシンジャー国務長官（当時）が北京で毛沢東と会談した際、毛沢東は同席していたブッシュ北京連絡事務所長（当時）の眼前で、「次の大統領はブッシュさんですね」とキッシンジャーに聞いたというのです。次というのは1976年の大統領選挙のことですが、キッシンジャーは「いいえ、ブッシュ大統領は1980年の予定です」と答えたそうです（『キッシンジャー［最高機密］会話録』毎日新聞社、1999年）。そもそも、国務長官の分際のキッシンジャーがブッシュは1980年の大統領選で勝利すると語っているのです。ディープステートの代理人であるキッシンジャーが毛沢東との間で誰がいつ大統領になるかを議論できるということは、大統領はディープステートが決めているということを証明しています（実際は1980年の大統領選ではレーガンが大統領になりました）。この会話から窺《うかが》えることは、毛沢東は当時のフォード大統領の後任にブッシュを望んでいたということです。米中関係の裏面を知る上で興味の尽きない会話と言えます。

イラク戦争は石油のため

湾岸戦争でアメリカは勝利したものの、フセインを失脚させるまでには至りませんでした。ブッシュ大統領が果たせなかった目的を完遂したのは、息子のブッシュ大統領でした。２００３年３月のイラク戦争です。湾岸戦争時と異なり、アメリカの対イラク戦争はロシアはもちろん、ドイツとフランスからも強い批判を浴びました。しかし、アメリカはイラクが大量破壊兵器を隠し持っているとのＣＩＡ報告書を口実にイラクを軍事攻撃しました。しかし、後にこの開戦理由をＣＩＡ自身が否定する有様で、有無を言わさぬアメリカの軍事侵略であったのです。アメリカがイラクを攻撃しなければならなかった理由は、実はイラクの石油を押さえることでした。

前回の湾岸戦争のまえに、アメリカは融資の見返りに石油産業の民営化を要求し、フセイン大統領がこれを拒否したことに触れましたが、今回の戦争の結果アメリカはイラクの石油を押さえることに成功したわけです。

この真相を隠すために、メディアなどでは開戦理由は石油ではないとしばしば報じられました。要するにディープステートの常套手段であるフェイクニュースです。アラン・グリーンスパンFRB議長は回想録『波乱の時代』（日本経済新聞出版）の中で、「イラク戦争は概ね石油をめぐるものである、という誰もが知っている常識を、政治的に認めるのが不都合であることを、私は悲しく思う」と石油が開戦理由であったことを認めています。政治的に認めるのが不都合な理由は、石油強奪のために開戦するというのは国際法上通用しないからです。ですから、彼らは大量破壊兵器を口実にしたわけです。それほどまでにイラクの石油を押さえなければならないわけは、ロシアでした。

21世紀はテロとの戦争で明けた

２００１年９月11日、ニューヨークの貿易センタービルにハイジャックされた旅客機2機が突っ込んで炎上し、二つのビルが崩れ落ちた映像は、世界に衝撃を与えました。さらに、ワシントン郊外の国防総省にも航空機が突っ込むなど、いわゆる同時多発テロ事件はその後のアメリカの基本政策「テロとの戦い」を生む結果となりました。この事件についてはすでに様々な論考がなされていますので、詳細には立ち入りませんが、私が注目するのはテロとの戦いのパターンです。

アメリカは同時多発テロの主犯であるオサマビン・ラディンを匿《かくま》っているとして、アフガニスタンを軍事攻撃し、1カ月でタリバン政権を倒し親米政権の樹立に成功しました。ところが、アフガニスタンの治安は一向に収まらず、バイデン新政権は2021年の春、9月11日までにアフガニスタンからの完全撤退する旨の発表をしました。これは奇しくも同時多発テロの20周年記念日に当たります。偶然にしては出来過ぎた政治ショーのように映りました。この撤退発表を受けてタリバンは大攻勢を開始し、首都カブールにも押し寄せ、米軍は大混乱のうちに、多くの協力者や武器を残したまま、かろうじて撤退しました。

このアフガニスタン戦争も謎の多い戦争でしたが、ブッシュ大統領が宣言した「テロとの戦い」の背景を理解することが重要です。ブッシュは9・11テロについて、日本の真珠湾攻撃以来の本土への攻撃であるとして、「テロとのグローバルな戦い（Global War on Terror）」を宣言しました。ここでブッシュが真珠湾攻撃に言及したことが物議を醸しました。実は、このテロ攻撃の1年前に、ディック・チェイニーやドナルド・ラムズフェルドなど後にブッシュ政権の閣僚になるネオコンの論客たちによってまとめられた

「アメリカ防衛力の再建」という提言に、「新たな真珠湾」のような事件の必要性が述べられていたのです。日本の真珠湾攻撃はルーズベルト大統領の策略に引っかかった結果ということが明らかになりつつあります。ルーズベルトはこの攻撃を察知していたにもかかわらず、ハワイのハズバンド・キンメル海軍司令官に故意に知らせずにアメリカ軍人2000人を犠牲にして、世論の対日戦争熱を煽ったと言われているのです。ブッシュの真珠湾への言及は、これまで本書で何度も見てきたようにアメリカが他国に対し攻撃するよう仕向ける謀略を彷彿させます。しかも、貿易センタービルで働いていた3000人の命が奪われました。

以後、真珠湾云々は一切言及されなくなりましたが、9・11はアメリカの謀略であったとの説の有力な根拠の一つになり、今日に至っています。2016年の共和党大統領予備選挙戦の際にも、当時候補の一人であったブッシュ大統領の弟のジェフ・ブッシュ候補とトランプ候補との論争のトピックになったこともあるほどです。

9・11の犠牲者が多数に上ったためもあって、テロとの戦いは錦の御旗になりました。議会は団結して軍事予算を拡大し、プーチン大統領や胡錦濤《こきんとう》主席など世界の指導者もテロとの戦いへの支持を表明しました。ただし、「テロとの戦い」には明確な定義がありません。テロ支援国家だと決めつければ、戦争の口実が生まれるというわけです。以後、テロ支援国家やテロリストを巡って数々の戦争が繰り広げられることになったのです。

反プーチンの東欧カラー革命

2020年の大統領選挙における大規模不正は世界を驚愕させましたが、不正選挙で望ましい人物を政権につけるというやり方は、ディープステートの常套手段なのです。ブレジンスキーは、『The Grand Chessboard』で、レジーム・チェンジ三段階方式を提唱しています。まず民主化を求め、次に民営化を要求し、そして最後がグローバル市場化の実現でした。民主化とは選挙のことなのです。選挙が行われれば、介入してディープステートの傀儡《かいらい》をトップに据えることができるわけです。

イラク戦争によって石油を押さえたディープステートの一員である石油メジャーにとって、残された最大の石油市場はロシアでした。ソ連崩壊後のロシアの石油資源はオルガルヒと呼ばれる新興財閥の一人ユダヤ系のミハイル・ホドルコフスキーが握っていました。石油大手ユコスのオーナーのホドルコフスキーは、同じくオルガルヒでユダヤ系のボリス・ベレゾフスキー率いる石油大手のシブネフチと合併して、ロシア最大の石油会社を誕生させる予定でした。ところが、ホドルコフスキーはこの新会社の株の40パーセントをアメリカ・メジャーのエクソン・モービルとシェブロンに売却する交渉を進めていたのです。そうなれば、ロシアの石油資源がアメリカのメジャーに握られる危険がありました。

そこで、プーチン大統領が介入してオフショアを利用した脱税の罪でホドルコフスキーを逮捕し、シベリア送りにしたのです。２００３年10月のことでした。石油以外の理由も重要でした。ホドルコフスキーはイギリスのジェイコブ・ロスチャイルド卿と組んでＮＧＯ「オープン・ロシア財団」をロンドンに設立して、アメリカにも事務所を開設し、理事にキッシンジャーを迎え入れました。「オープン・ロシア財団」とはロシアを欧米に開放することを目的としており、後に述べるソロスの「オープン・ソサイエティ」財団のロシアの受け皿と言えます。要するに、ホドルコフスキーは世界のユダヤ人脈を活用してロシアを欧米資本に売り渡すことを計画しているとプーチンの目には映ったことでしょう。

ホドルコフスキー逮捕・流刑に、ディープステートが激しく反発したことは想像に難くありません。米露の冷戦、今回は東西冷戦のような八百長ではなく本当の意味での冷戦が、この事件を契機として始まったと言えます。米露対決が具体化したのが、直後の11月から始まったグルジア（現ジョージア）におけるバラ革命と呼ばれる反政府運動でした。

親露派のシェワルナゼ大統領の与党が勝利した議会選挙に不正があったとして抗議運動が高まり、薔薇を持った運動家たちが議会ビルを占拠。再選挙が実施された結果、与党が敗北し、ウォール街の弁護士出身の親米派ミハイル・サーカシビリが大統領に選出されました。

この抗議運動を背後から演出したのは、ユダヤ系大富豪のジョージ・ソロスと2008年の共和党大統領候補になるマケイン上院議員でした。

ソロスは旧ソ連圏諸国の民主化や市場経済化を支援するNGO「オープン・ソサイエティ」を立ち上げて、そのための人材育成や資金援助を行ってきました。ブレジンスキーのレジーム・チェンジ方式の実践部隊の役割を担ったのです。ソロス財団のグルジア支部が育成した現地のNGOが反政府デモをリードしました。これらNGOに対しソロス財団は、反政府プラカードの作成やビラの貼り方に至るまで、デモ活動の効果的やり方を手とり足取り指導したのです。民主化運動という反政府活動を行うNGOを前面に出して、政府転覆を図るといった手法に注意する必要があります。

２０２０年のアメリカ大統領選挙では、ミネソタ州における白人警官による黒人容疑者暴力死事件をきっかけに、アンティファやＢＬＭといった過激な団体が、表向きは民主化運動団体として反トランプ運動に参加しました。シアトル市の中心街に解放区まで打ち立てたアンティファは、その暴力を非難されるどころか正当な抗議活動として、メディアなどから称賛されるほどでした。私たちもなんとなくＮＧＯの活動は善であると思い込んでいる危険があります。そのような無防備さを逆手に取って、暴力活動に対する当然の批判が抑え込まれたと言えます。

ジョージアの選挙結果を不正であると決めつけたもう一つの原因は、選挙監視に当たったアメリカの調査会社が投票所の出口調査の結果、サーカシビリ派の勝利と発表したことです。選挙管理委員会の正式発表はシェワルナゼ陣営の勝利でした。これを受けて、サーカシビリ派のデモが起こったのです。不正選挙だと騒いで結果をひっくり返すパターンは、以後の東欧カラー革命で繰り返されることになります。

アメリカ大統領選挙でも、世論調査会社は常に民主党のバイデン候補のリードを伝えていました。だから、バイデンが勝ったとメディアが報じても、実際には不正選挙で当選したにもかかわらず、国民の多くが世論調査の結果からそれほど疑問を抱かなかった効果があったと言えるわけです。私たちが学ぶべき教訓は、世論調査というものもディープステートの意向を反映して結果が偽造されていることに注意することです。今回もし不正が行われなくてトランプ大統領が勝利していたら、逆にディープステート側が世論調査を根拠として選挙不正があったと騒ぐ可能性すら排除できなかったでしょう。

翌2004年にはウクライナでオレンジ革命が勃発しました。親露派のヴィクトル・ヤヌコビッチ首相と欧米派が擁立したヴィクトル・ユーシチェンコ中央銀行総裁との大統領選挙において、ヤヌコビッチが勝利したと発表されると、不正選挙だとのデモが発生し再選挙が行われた結果ユーシチェンコが勝利しました。オレンジ色の衣服や旗に埋め尽くされた抗議デモから、オレンジ革命と呼ばれています。翌年のキルギスにおけるチューリップ革命も同じパターンで、アスカル・アカエフ大統領の与党が圧勝した議会選挙の結果に対し、不正であるとの大規模な野党の抗議デモが発生し、アカエフ大統領はロシアに逃亡して革命が成就しました。

このような一連の反プーチン革命にプーチン大統領が反撃したのが、2005年のウズベキスタン危機でした。東部で起きた大規模な反政府暴動をイスラム・カリモフ大統領は武力で弾圧し、デモ隊側に多数の死者が出ました。アメリカはこれを非難して真相究明の国際調査団の受け入れを要求しましたが、プーチンの強い支持の下でカリモフは拒否し、危機は終了しました。さらに翌年には、ベラルーシの大統領選挙で圧勝した現職のルカシェンコに対し、野党勢力は不正選挙であると抗議行動を始めましたが、国民の支持を得られずに間もなく沈静化しました。アメリカやＥＵは制裁を科しましたが、実効性はほとんどありませんでした。なお、２０２０年の大統領選挙でも現職のアレクサンドル・ルカシェンコが圧勝しましたが、また不正選挙だったとして野党候補を中心にデモが発生しています。

このように一連の東欧カラー革命に対抗して、プーチン大統領は２００６年に「ＮＧＯ規制法」を制定して、ロシアのＮＧＯへの欧米からの資金流入や政治活動に対する制限を強化しました。この規制強化に対しては、欧米はもちろんロシア国内の親欧米派からも強く批判されることになりました。２０１２年の大統領選挙においては再びプーチンが勝利しましたが、選挙に不正があったとして反プーチン・デモが行われました。このデモは単なる抗議活動で混乱なく終わりましたが、ロシア国内の反プーチン派（反体制派と呼ばれることもありますが、要するに親ディープステート勢力です）は主としてユダヤ系ロシア人からなっています。現在は、ロシア反体制運動の指導者アレクセイ・ナワルヌイがディープステート系の欧米メディアから民主主義者として高く評価されているわけを見抜く必要があります。

中東の名君を打倒したアラブの春

ロシア周辺諸国でのカラー革命が一段落した2010年になって、突如チュニジアで反政府デモが勃発しました。瞬《また》く間に全国に拡大し、ベン・アリ大統領がサウジアラビアに亡命して、23年間続いた安定した政権が崩壊しました。チュニジアは最も西欧化されたイスラム国で、デモのきっかけになったのは、不法に屋台を出していた男が女性警官に注意されたことを侮辱されたとして、焼身自殺を図ったことでした。このように、チュニジアは女性の解放が進み、極めて世俗的なイスラム教国でした。チュニジアを代表する花がジャスミンであったことからジャスミン革命と呼ばれましたが、次々とアラブ諸国に伝播《でんぱ》してゆきました。

この一連の民主化運動は「アラブの春」と称されましたが、東欧カラー革命と同様国柄も歴史も政治状況も異なる諸国で一斉に同じような抗議デモが発生したこと自体、裏で糸を引く勢力があったことを窺《うかが》わせます。メディアや知識人が上から目線で解説したような、抑圧されていた国民が目覚めた民主主義運動ではありませんでした。元世界銀行副総裁のジョセフ・スティグリッツは「チュニジアとエジプトの独裁政権に対する若者たちの蜂起は、心情的に理解できる。社会を犠牲にして自らの既得権益を守ろうとする、凝り固まった老人だらけの指導層に、彼らは嫌気がさしていた」(『世界の99％を貧困にする経済』徳間書店、２０１２年）と自分の眼で見てきたような感想を述べていますが、「社会を犠牲にして自らの既得権益を守ろうとする指導層」こそ、スティグリッツも属するディープステートのことではないでしょうか。彼らに煽られた若者たちは、国を破壊するために利用された駒だったことに一日も早く気づいてほしいと思います。

２０１１年にエジプトに飛び火した反政府デモは、30年にわたりエジプト社会にそれなりの安定を齎《もたら》したホスニ・ムバラク大統領を失脚させました。さらに、リビアでもカダフィ退陣を求めるデモが発生し、軍による弾圧などの結果、カダフィ派と反カダフィ勢力との内戦に突入。ＮＡＴＯによる軍事介入などの末、8月23日、カダフィが白昼惨殺され、42年にわたるカダフィ政権が崩壊しました。

カダフィ治下のリビアはアフリカ大陸で最も発展した国で、豊富な石油収入が国民生活に還元された結果、国民の福祉には極めて高いものがありました。カダフィこそ、「リビア・ファースト」の善政を実践していた中東の名君と言えます。なぜ、この3ヵ国のような安定した世俗国家を打倒する必要があったのでしょうか。答えは、世界のグローバル化へ向けたステップであったということです。つまり、これらの世俗国家に破壊を旨とするイスラム過激派テロ集団を台頭させることによって、無法状態を齎《もたら》し経済を破綻させることでした。国家破綻もグローバル市場化の一環です。ディープステートにとって様々なビジネスチャンスが生まれるわけです。

例えば、現在のリビアは事実上中央権力が不在で過激派が自由に動き回っていますが、彼らは移民ビジネスに手を染めています。アフリカ大陸の移民はリビアに集結し、海岸から粗末なゴムボートで対岸のEUを目指しますが、海上でNGOの難民救済船が彼らを救助して、無事イタリアなどに届けるわけです。ヨーロッパの多民族化を目論むディープステートが支援しているのです。アメリカを目指す中米難民をジョージ・ソロスや人道NGOが支援しているのと同じパターンです。

リビアのもう一つの利用価値はテロ集団の養成です。特に、シリアの反アサド勢力への武器横流しとの絡みで、ヒラリー・クリントン国務長官（当時）の私用メール・スキャンダルにまで発展しました。２０１２年９月11日（奇しくもＮＹ同時多発テロと同じ日）、リビア東部の主要都市ベンガジでクリストファー・スティーブンス駐リビア・アメリカ大使が過激派によって殺害される事件が発生しました。大使はアメリカがカダフィを打倒した過激派に供与した武器を回収し、シリアでアサド政権打倒のために戦っているイスラム過激集団に回す作戦に従事していたのです。

この作戦はヒラリー国務長官の指揮の下で行われていましたが、ヒラリーは自分の私用メールを使ってスティーブンス大使に指示を与えていたのです。本来国務長官の大使に対する連絡は国務省の公式メールで行うべきでしたが、あえて私用メールを使ったということは、この武器回収作戦が非合法活動であった疑いが生じます。いずれにせよ、ディープステートが絡むアメリカ外交は、国民への説明責任があいまいにされてしまっています。

なお、ベンガジ事件のスキャンダルにもかかわらずヒラリーは２０１６年の民主党大統領候補になりましたが、トランプに敗北したことで、世界は戦争の危機から免れることができたと私は確信しています。ディープステートは代理人ヒラリーを使って第３次世界大戦を起こそうと画策していました。

その証拠は、またもやブレジンスキーの書籍に見出すことができます。ブレジンスキーは『Second Chance』（邦訳は『ブッシュが壊したアメリカ』徳間書店、２００７年）のなかで、アメリカは東西冷戦後唯一の超大国になったにもかかわらず、ブッシュ親子、クリントンの3代の大統領はリーダーとして世界のグローバル市場化に成功しなかった、これで第一のチャンスを逃した、２００８年に就任するオバマ大統領によるグローバル市場化が第二のチャンスである、もしオバマがこれに成功しなかったら、もう第三のチャンスはない、と断定しています。ブレジンスキーはなぜ第三のチャンスがないのか触れていませんが、彼はオバマが失敗すれば世界をグローバル市場化するにはもう戦争しかないと予言しているように思えてなりません。

では、世界情勢はどのように展開してきたのか、以下見てゆくことにします。

第3章

ディープステートに戦いを挑んだ プーチンとトランプ

エリツィン政権はユダヤ人政権だった

ソ連崩壊後のロシアは経済的に大混乱に陥りました。そこへ乗り込んできたのが、ジェフリー・サックス・ハーバード大学教授をヘッドとするアメリカの市場民営化チームでした。ブレジンスキーのいう「民営化」の実施に当たったのです。しかも、「ショック療法」と言われる手荒い方法を採用しました。ショック療法とは、いわば一夜にして統制経済から市場経済に転換するというもので、強権的に価格統制を廃止した結果、市場価格に応じて物価は80倍ものハイパーインフレに見舞われ、ロシア人は生活基本物資の購入も不可能になったほどでした。

この「ショック療法」はロシア国民を恐怖に陥れました。一般のロシア人は生活が破壊される恐怖心の下、政府の市場経済化施策に従うほかなかったわけです。次元は異なりますが、逮捕・処刑の「恐怖」によって国民を黙らせたロシア革命時の秘密警察の行状に似ています。ボリシェビキ革命時と同様、今回の市場化革命においても、経済の大混乱という国民の「恐怖」に付け込んで目的を達成したというわけです。ロシア共産化革命においては物理的暴力が使われましたが、今回のロシア市場化革命においてはショック療法という心理的暴力を使って、批判を防止したと言えるのです。

同時に、国営企業の民営化を実現するために「バウチャー方式」が導入されましたが、これは一種の民営化証券のような代物で、バウチャーを集めて企業の立ち上げ資金にするか、民間企業の株を買えということでした。結局、商才に長けたものがバウチャーを買い集めて企業、特に銀行を設立しました。このようにして、オルガルヒと呼ばれる新興財閥が生まれたのです。注意すべきは、オルガルヒの銀行家は政府に融資することによって大金融資本家に育っていったことです。これもどこかで見たパターンですね。第1章で述べたように、国家は金を貸す者によって繁栄させられ、そして彼らによって衰亡させられるという、ジャック・アタリの箴言《しんげん》を地で行くようでした。

銀行融資を受け入れた政府は借金を返すことができず、担保に取られた国営の資源企業がこれら民間銀行家の所有となりました。これらのオルガルヒがロシアの膨大な天然資源の大半を押さえることになりました。ロシアの天然資源は、国家の所有からオルガルヒの所有へと変わったのですが、ロシア国民の利益にはほど遠い状況だけは変化しませんでした。さらに注目すべきは、7つのオルガルヒの内6つまでがユダヤ系ロシア人で占められていたことです。彼らは欧米資本家との連携強化に進むことになります。

7財閥は以下の通りですが、興味ある事実が浮かび上がってきます。

・**ボリス・ベレゾフスキー**（石油大手のシブネフチ、ロシア公共テレビのORTなど。1946年〜2013年）

・**ウラジーミル・グシンスキー**（持ち株会社のメディア・モスト、民放最大手のNTV。1952年〜）

・**ロマン・アブラモビッチ**（シブネフチ共同所有。1966年〜）

・**ミハイル・ホドルコフスキー**（メナテップ銀行、石油大手のユコス。1963年〜）

・**ピョートル・アベン**（商業銀行最大手のアルファ銀行。1955年〜）

・**ミハイル・フリードマン**（アルファ銀行創設。1964年〜）

・**ウラジーミル・ポターニン**（持ち株会社のインターロス・グループ、鉱物大手のノリリスク・ニッケル。1961年〜）

以上の内ポターニンを除いてすべてユダヤ系です。

ユダヤ系のオルガルヒは銀行に加えメディア関係を所有しているのが特徴です。アメリカにおけるディープステートの浸透を第1章で詳しく見ましたが、新生ロシアでもオルガルヒがメディアを握っているのです。共産主義政権が倒れて言論の自由を得たはずのロシア国民にとって、今度はオルガルヒによる言論の統制が始まったのです。これも、アメリカのユダヤ資本下のメディアの役割に似ていると言えます。

銀行家への借金、メディアによる言論操作によって、エリツィン大統領は彼らの傀儡になってしまったと言っても過言ではありません。新生ロシアはエリツィンを裏から操るオルガルヒが、真の支配者だったのです。その意味で、ユダヤ系オルガルヒはロシアのディープステートと言えます。

さらに、エリツィン政権で民営化政策に携わったエゴール・ガイダール首相、アナトリー・チュバイス副首相、ボリス・ネムツォフ副首相、ゲンナジー・ブルブリス国務長官など重要閣僚はほとんどユダヤ系でした。民営化のアドバイザーがジェフリー・サックスはじめアメリカのユダヤ系新自由主義者たちで、その執行者がユダヤ系の政治家たちだったのです。要するに、新生ロシア政府はユダヤ政府と言っても過言ではありません。ロシアの実権は再びユダヤ人が握ることになりました。エリツィン時代の米露関係が極めて良好だったのも頷ける話です。

世界統一政府構想を見抜いていたプーチン

新生ロシアのエリツィン大統領は、数々の失政の結果、世論の支持率が0・5パーセントまで落ち込む有様でした。健康上の懸念もあって、1999年の大みそかにエリツィンは辞任を表明し、後継大統領にプーチンを指名しました。元KGBの諜報員であったプーチンはソ連崩壊後サンクトペテルブルグ市の副市長からとんとん拍子に出世して、10年でロシアのトップに躍り出たのです(2000年5月に正式に大統領に当選しました)。

プーチン大統領がまず手掛けたことは、オルガルヒの政治力を削ぐことでした。プーチン大統領は彼らのビジネスは尊重するので政治には手を出さないようにと妥協を持ちかけましたが、ベレゾフスキーはこれに応じず、やがてイギリスに亡命した後、自宅で自殺体となって発見されました。グシンスキーはメディアを使ってプーチン批判を繰返しましたが、横領詐欺容疑で逮捕された後釈放され、その後スペインへ亡命しました。オルガルヒの大物ベレゾフスキーとグシンスキーの追放後、彼らの政治介入は一旦下火になりましたが、プーチンに真っ向から挑戦したのが、第2章でも述べたホドルコフスキーでした。プーチンとホドルコフスキーの対立は米英を巻き込む国際的事件となりましたが、プーチンがホドルコフスキーを逮捕投獄し、彼が所有する石油大手のユコスを解体して国有化しました。かくして、プーチンは天然資源の民営化路線を転換したのです。

プーチン大統領がロシアの闇の権力者オルガルヒとの戦いに勝利できた最大の理由は、プーチンが司法を掌握していたことです。この点は、今回の米大統領選挙の不正を巡り、ディープステートの影響下にあったＦＢＩを含む司法当局が不正選挙の捜査をボイコットしたことが最終的にトランプの追放につながったことと比較しますと、プーチンの強運を感じます。オルガルヒが誕生してから日が浅く、司法まで手が届かなかったことが、プーチンに幸いしました。

もし、オルガルヒが司法まで握っていたら、プーチンもそう簡単には彼らを追放することができなかったと思われます。

ホドルコフスキー事件以後、ロシアの石油資源は事実上親プーチン派がコントロールするようになりました。その例が、ロシア最大の天然資源である天然ガスです。天然ガス資源はオルガルヒの手に移ったことはありませんでしたが、プーチン大統領はとかく脱税などのうわさが絶えなかったロシア最大の天然ガス企業ガスプロムの人事を刷新して、社長に長年の友人であるアレクセイ・ミレルを据えました。ミレルの経営手腕の結果ガスプロムはロシア国家収入の25パーセントを占める巨大企業にまで成長しました。ロシア経済の浮沈はガスプロムにかかっていると言えるほどです。いずれにせよ、ロシア天然資源はロシア人が管理するという原則をプーチンは厳守しているのです。言うまでもなく、この姿勢はディープステートによるロシア資源の簒奪《さんだつ》を防ぐことを目的としています。

プーチンがアメリカのディープステートへの対決姿勢を露わにしたのが、2007年のミュンヘン安全保障会議でした。プーチンは「アメリカの世界統一政府構想に反対である」とアメリカを激しく非難しましたが、世界はこのプーチンの演説をもって米露は敵対関係に陥ったと深刻に受け止めたのです。私はプーチンがアメリカのディープステートの目的を「世界統一政府構想」と非難したことに特に注目しています。KGB出身のプーチンは自らの経験に基づき、世界統一というディープステートの真の狙いを世界に向けて公言して、警告を発したのです。ロシアという大国の大統領が公にアメリカの世界統一政府構想に反対を表明した意義は、極めて大きいものがあります。第1章でロックフェラー回顧録を引用しながら、アメリカの大富豪たちが世界統一政府構想を推進していることを指摘しましたが、アメリカ（ディープステート）の狙いが世界統一にあることをプーチンは知っていたのです。トランプ大統領が反グローバリズムという用語を使って世界統一政府構想に反対を表明するより10年前に、プーチン大統領が反世界統一政府の立場を公言して世界に警告を発した意義は、極めて大きかったと言えます。

ところが、当時は、プーチン演説のこの点に注目した論調は見られませんでした。プーチンのアメリカに対する厳しい非難という観点から米露冷戦に突入した危機感が強調された結果、アメリカが世界統一政府構想を推進しているとプーチンが見ていることに関心が向けられなかったのです。もっとも、ディープステートの影響下にある世界の主要メディアがあえてこの点を無視したのかもしれませんが。

世界のリーダーに躍り出たプーチン大統領

ブレジンスキーがグローバル市場実現へ最後の期待を寄せたオバマ大統領は、２０１３年夏に世界のリーダーの地位を失いました。ここに、世界をアメリカの指導の下でグローバル市場化するという「第二のチャンス」が水泡に帰したのです。オバマの失敗はシリアで起こりました。

シリアはアサド大統領と反アサド勢力の血みどろの内戦が続いていました。前章で述べたベンガジ事件は、リビアの反体制派に供与したアメリカ製武器を回収して、シリアの反アサド勢力に送る工作に従事していたスティーブンス米大使が過激派勢力に殺害された事件でしたが、ヒラリー・クリントン国務長官の辞任に発展しました。奇《く》しくもシリア問題でオバマ大統領も躓《つまず》いたのです。

シリア内戦には特徴がありました。反アサド派は一枚岩ではなく、特に2014年6月から突如現れたイスラム超過激派であるIS（いわゆるスンニ派カリフ国家樹立を目指す「イスラム国」のこと）は、民間人の無差別殺害や日本人を含む欧米諸国のジャーナリストや援助関係者の惨殺などで、世界の非難を浴びていました。アメリカはISをテロリストで世界の共通の敵であるとして、彼らの拠点を軍事攻撃したことになっていますが、一向にISの勢力は衰えませんでした。反アサド勢力はアサド政権軍との戦いに加え、ISとの闘争を抱えていたのです。

このように、シリア内戦が複雑化した隠れた原因は、アメリカのISに対する姿勢でした。実は、アメリカはＩＳを密かに支援していたのです。例えば、アメリカはＩＳの拠点攻撃作戦中に、米軍ヘリコプターが反アサド勢力に供与するはずであった武器を、誤ってＩＳ拠点に投下してしまったと発表する始末でした。アメリカはＩＳ拠点に対する空爆を開始した時から、ＩＳ掃討には5年かかると悲観的な見通しを発表していましたが、その裏で意図的にＩＳを支援していたのです。

ＩＳの登場前の２０１３年８月、アサド政権が反体制勢力に対し化学兵器を使用したとして、オバマ大統領はアサド政権の支配地域に対する空爆を宣言しました。ところが、イギリス議会が空爆反対を決議したこともあって、オバマは空爆を取り消してしまいました。このように、アメリカ大統領が前言を簡単に翻したことで、世界のリーダーとしてのオバマの権威は失墜したのです。この間隙をぬって、シリアの化学兵器管理を国連の監視下に置くことでこの問題を解決したのが、アサドの後ろ盾であるロシアのプーチン大統領でした。これによって、シリア情勢における調停者はオバマからプーチンに移行したのです。つまり、シリアを巡る様々な交渉の主導権がプーチンに握られるようになったことを意味します。中東政治の調停者であったアメリカは、シリアから政治的には後退せざるを得なくなったというわけです。

アメリカの後退を示すエピソードがあります。2015年9月の国連総会の場でプーチン・オバマ会談が行われ、ロシアがIS掃討作戦に参加することをオバマが黙認しました。実際ロシアがIS空爆を始めると、ISの勢力はあっという間に後退を続け、現在ISはシリアにおいては事実上消滅したと言ってもよいほどです。このことをもってしても、アメリカが故意にISを攻撃しなかったことがわかります。もう一つ、ISとアメリカの緊密な関係を示す事件が起こりました。

ロシアがIS空爆を始めて2カ月後、エジプトのシナイ半島上空でロシア民間旅客機が爆弾テロで爆破され、乗客乗員全員が死亡するという痛ましい事件が発生しましたが、ISがロシアのIS空爆に対する報復であるとの犯行声明を出しました。しかし、もしIS空爆に対する報復であるとするならば、ISはなぜアメリカがイラクやシリアのIS拠点を空爆した際に、アメリカに報復テロを行わなかったのでしょうか。

そう考えますと、ISはアメリカのネオコンが育成したと疑わざるを得ないのです。ISはアラブの過激派に必ず見られるイスラエル殲滅《せんめつ》という大義名分を掲げていません。ISのターゲットはシーア派イスラム教徒なのです。アラブのイスラム諸国の闘争の対象がイスラエルではなく、スンニ派とシーア派の宗派対立に転化したとするなら、IS

はイスラエルにとっても大変ありがたい存在と言えます。

プーチン大統領がシリアのISを壊滅させたことは、ネオコンつまりディープステートの怒りを買うことになったことは想像に難くありません。以降、ネオコンの反プーチン活動は次に述べるウクライナに加えて、トルコを中心に活発化することになるのです。

ISのテロ活動の歴史的意味に入る前に、ネオコンのシリアの次の標的ウクライナ危機を検証します。

ウクライナ危機はネオコンが起こした

オバマのシリアでの失敗は「アラブの春」を仕組んだネオコンの失敗です。そこで、ネオコンは次のターゲットをウクライナに定めたのです。ウクライナで反ヤヌコビッチ大統領デモが発生したのは2013年11月のことでした。事の発端とされているのは、EUとウクライナとの経済連合協定の締結問題でした。ちなみに、経済連合協定というのはEUとして加盟を当分認めない代わりに経済関係を強化する施策を講じるというものです。EU加盟は独立以来ウクライナの悲願なのですが、EUは真面目に対応してきませんでした。言い方は悪いですが、この協定はウクライナのEU加盟問題を棚上げする隠れた目的があるわけです。

この連合協定への署名をヤヌコビッチが土壇場で拒否したため、親欧米派による反ヤヌコビッチ・デモが発生し、欧米メディアは民主化デモと持て囃《はや》しました。ところが、ヤヌコビッチは署名すべく最後まで努力を重ねたのですが、EU側がハードルを高めて署名できないように仕向けていたのです。対ウクライナ経済援助の具体化を渋る一方で、EUはヤヌコビッチに対し、収監中のユーリア・ティモシェンコ元首相の釈放を要求してきました。これで交渉が暗礁に乗り上げたとき、EUが予定している経済援助を肩代わりするとロシアが支援の手を差し伸べてきたのです。もちろん、ウクライナとEUの関係強化は好ましくないというロシアの事情があるにせよ、EUの横暴に失望していたヤヌコビッチがロシアに靡《なび》いたのはやむを得ないことだったと思われます。うがった見方をすれば、EUはウクライナで反政府デモを起こすために、アメリカの意向を受け故意にヤヌコビッチが呑《の》めない条件を持ち出したと言えなくもありません。

ウクライナ危機の真相については拙著『世界を操る支配者の正体』（講談社）で詳しく述べましたので、関心のある読者は参照してください。本書の関心は、デモを仕組んだディープステートの戦争部隊であるネオコンの戦略です。

東欧カラー革命におけるネオコンの謀略についてはすでに述べたところですが、今回のウクライナ危機でも裏で演出したのはネオコンでした。アメリカ国務省でロシアを担当するトップであるビクトリア・ヌーランド国務次官補が指揮を取りました。彼女はネオコンの闘士で、夫がネオコンの理論家ロバート・ケーガンです。また、ネオコンのチェイニー副大統領の補佐官を務めたこともあります。２００４年のウクライナ・オレンジ革命の際も、ロシア担当国務次官補はネオコンのカレン・ドブリャンスキー女史でした。これは果たして偶然でしょうか。そうではありません。アメリカは意図的にロシア担当にネオコンを配置しているのです。ネオコンはロシアを敵と考えているからです。なぜそうなのかを理解するために、ここでネオコンの歴史を考察します。

ネオコンとは何か

ネオコンは１９６０年代からアメリカで勢力を伸ばし始めました。ネオコンとはネオコンサーバティズム（新保守主義）の略ですが、「もともと左翼でリベラルな人々が保守に鞍替えしたから、ネオと呼ばれる」（ネオコンの元祖の一人で、ユダヤ系政治学者のノーマン・ポドレツ）そうですが、この説明ではネオコンの正体を見誤る危険があります。ネオコンの元祖は、実はトロツキーなのです。

世界同時革命を唱えるトロツキーは、一国社会主義を主張するスターリンとの路線闘争に敗れた結果、ソ連を追放されメキシコに亡命しますが、そこで暗殺されました。このトロツキーの世界革命思想を受け継いだユダヤ系トロツキストたちが、移民先のアメリカで社会党を乗っ取って民主党と統合し、民主党左派の中核としてグローバリズム（世界統一政府）を主導するようになったのです。彼らは表向き「社会主義革命の輸出」とのトロツキーの看板は下ろし、それに代わり「自由と民主主義の輸出」によって世界統一を達成する戦略を取ったのです。ところが、民主党がケネディ大統領の時代に、彼らが追われたソ連との融和政策の平和共存政策を取り始めたため、共和党に鞍替えし今日に至っているのです。

重要な点は、ネオコンは共産主義イデオロギーの信奉者であるということです。であるがゆえに、ネオコンは世界統一のために国際干渉主義を唱えるのです。国際干渉主義をカモフラージュした用語が、国際協調主義ということになります。

繰り返しになりますが、第2次大戦後の国際協調主義とは、ディープステート（とその戦争実践部隊であるネオコン）が敷いた国際干渉主義のことなのです。このことを端的に表明したのが、9・11同時多発テロ後のアメリカの世界戦略となった「テロとの戦い」であり、その理論的礎《いしずえ》を提供したのが、「アメリカ国防力の再建」と題する政策提言でした。

この政策提言は、2000年9月に民間のシンクタンク「アメリカ新世紀プロジェクト」によって作成されたのですが、同年秋の大統領選挙で当選した息子ブッシュ政権の対外軍事戦略の指針となったのです。このシンクタンクは、ディック・チェイニー、ドナルド・ラムズフェルド、ポール・ウオルフォビッツのほか、ドナルド・ケーガン、ロバート・ケーガン父子などネオコンの論客などが設立者として名を連ねる、ネオコンの政策集団です。

先に述べましたが、この「アメリカ国防力の再建」レポートに、アメリカが21世紀も引き続き世界の軍事超大国の地位を維持するためには、「新たな真珠湾」のような事件の必要性が言及されていたのです。ブッシュ（ジュニア）政権は、チェイニー副大統領、ラムズフェルド国防長官、ウオルフォビッツ国防副長官などの政権閣僚から見ると、まさしくネオコン政権でした。ロシアを天敵と見なすネオコン政権は、親露派政権を次々と打倒した東欧カラー革命を背後から演出したのです。

挑発に乗らなかったプーチン

話をウクライナ危機に戻しますと、ネオコンのレジーム転覆の手段である民主化デモには、反民主的なネオナチと称される極右武装勢力が含まれていました。この武装勢力が途中から主導権を握り、反政府デモは暴力による政府転覆活動に転化してしまったのです。デモ隊の穏健勢力側とヤヌコビッチ政権側との間で大統領選挙の前倒し実施で一旦妥協が成立していましたが、極右勢力がこの合意を破棄してデモが流血事態になるほど泥沼化しました。ここで、ネオナチ勢力（背後のネオコン）が使った戦法が、いわゆる「偽旗作戦《にせはたさくせん》」です。

「偽旗作戦」とは敵方の旗を掲げて戦うことですが、デモの最中に極右勢力はライフルなどで故意にデモ隊に発砲して死傷者を出し、発砲したのはヤヌコビッチ政権の治安部隊であるとデマを流して、ヤヌコビッチを追放することに成功したわけです。このような「偽旗作戦」は今回の米大統領選挙でも用いられました。2021年1月6日のトランプ支持派とされるデモ隊による連邦議会議事堂乱入事件です。実際には、反トランプ勢力の暴徒による乱入事件でしたが、ディープステートのメディアや民主党などはトランプが暴徒を使嗾したとして、弾劾裁判にまで至りましたが、結果は無罪となりましたが、ディープステートの常套手段である「偽旗作戦」の危険性を十分認識する必要があります。

ウクライナ危機はウクライナを標的にしたものではありません。狙いはプーチン大統領なのです。シリア問題でオバマに代わりプーチンが世界のリーダーに躍《おど》り出たため、プーチンを失脚させる必要が高まったのです。それまでにも、プーチンがロシアにおけるディープステートの利権を剝奪《はくだつ》してきましたが、オバマの失敗によりプーチン失脚に向けての作戦が加速したと言えます。その対象に選ばれたのがウクライナであったのです。従って、ウクライナ国民の政治的願望とはかかわりなく、ウクライナ国民はディープステートに利用されたに過ぎないのです。

現に、ヤヌコビッチ追放後の暫定政権は極端な反露政策を取りました。ヌーランド国務次官補と駐ウクライナ・アメリカ大使との電話会談で新政権の首相に据えられたアレクセー・ヤツエニュークはロシア系住民の虐殺を始めたのです。このようなあからさまなプーチンに対する挑発は、ロシアのウクライナ危機への介入を誘発する意図から出たものでした。プーチンの差し当たりの答えは、ロシア系住民が人口の6割を占めるクリミア自治共和国のロシアへの編入でした。ロシア系住民に対する生命の危機が迫っていたからです。いわば、国際法上にいう自国民保護の権利を行使したと言えなくもありません。プーチンによるクリミア併合に抗議して、アメリカは対露経済制裁を発動し、EUも追随、わが国も付き合わされました。

引き続き、ロシア系住民が3割と言われる東ウクライナにおいて親露派勢力とウクライナ政府軍との間で内戦が勃発。この内戦を巡っても、欧米諸国はプーチンがロシア軍を派遣するなど親露派勢力を支援しているなどとして、プーチンの領土拡張主義に対する非難が高まりました。このような非難にも、プーチンを何とか東ウクライナの内戦に介入させたいとの意図がうかがえます。

ディープステートの東部ウクライナ作戦はさらに複雑化し、民間の軍事会社が内戦に参加するようになりました。その陣頭指揮を取ったのは、ドニプロペトロフスク州の知事で、ウクライナ第三の大富豪であるイゴール・コロモイスキーです。ウクライナ、イスラエル、キプロスの三重国籍者であるコロモイスキー知事は自らの軍事会社であるアゾフを使って、東部ウクライナでのロシア系住民殺害を実行していました。ウクライナ版オルガルヒを彷彿させるコロモイスキーは、ウクライナのガス、石油利権争いにも絡んでおり、当時起こった首都キエフのガス会社襲撃事件の黒幕とされています。

ジョージ・ソロスの対露戦争待望発言

ウクライナの地理的位置に鑑みれば、隣国ロシアと対立している限り政治的安定はなく、また天然ガス供給をほぼ全面的に依拠し、最大の貿易相手国であるロシアとの経済関係を無視できるはずがありません。危機後の大統領選挙で当選したポロシェンコ大統領は、独仏の仲介の下でプーチン大統領と東部ウクライナにおける停戦に合意しました。2015年2月のことでした。この停戦合意はウクライナとEUがロシアとの関係正常化に向けて動き出したことを意味します。この動きを歓迎できないのがネオコンでした。その中心人物が、ジョージ・ソロスです。

ソロスは2015年4月1日付ニューヨーク・タイムズに寄稿して、東部ウクライナ停戦合意を手厳しく非難しました。特に強調したのは、この停戦合意によってウクライナ民主化運動は失敗した、停戦合意は破棄されるべきだと主張したのです。戦闘を続けろということですから、ソロスの真意がどこにあるかは明らかです。つまり、ウクライナ危機を演出したソロスたちにとって、ウクライナの安定発展は目的ではなかったということです。

改めて言うまでもなく、ウクライナ危機の真相をソロス自ら明らかにしてくれました。彼らの狙いはウクライナではなく、ウクライナ危機を利用してプーチンを失脚させることであったことです。要するに、ウクライナはプーチンが失脚するまで混乱していなければならないということです。ソロスはこの寄稿文の中で、EUはウクライナに対しロシアと戦争ができるように軍事援助を強化すべきだと結論付けています。

ソロスの願望にもかかわらず、ポロシェンコ大統領はコロモイスキー知事を解任し、またポロシェンコの下で首相を引き続き務めていたヤツェニュークが翌年辞任するに至り、ウクライナ情勢は安定化の方向に動き出しました。ウクライナで後退したネオコンの関心は2015年の後半からシリアとISに移ってゆきました。シリア内戦もISのテロもプーチンを挑発して軍事衝突を起こさせるという、ネオコンの世界戦略の一環です。

世界が変わったロシア機撃墜事件

２０１５年は1月早々パリにおける週刊誌「シャルリー・エブド」社に対するＩＳの襲撃事件で明け、11月13日の金曜日には、同じくパリで同時多発テロが勃発して、１３０人もの犠牲者が出る大惨事になりました。この直後にトルコで行われたG20首脳会議ではテロへの戦いが主要テーマになりました。ところが、この首脳会談でテロ襲撃に対する断固とした対処を行う旨の宣言を採択したその矢先の11月24日に、トルコ空軍機がＩＳに対する掃討作戦に従事していたロシア軍機を撃墜するという衝撃的事件が発生しました。

トルコの発表によれば、ロシア軍機が警告に従わず領空侵犯を続けたので撃墜したということでしたが、撃墜場所はシリア領内で、パラシュートで空中脱出したパイロットが、反アサド勢力に射殺される悲劇も伴いました。

しかし、この撃墜事件には多くの疑問が生じます。領空侵犯と言っても、シリア領に細長く食い込んだ幅数キロの領空で、ロシア機が不注意でたまたま侵犯することはあり得ても、故意に侵犯したと見なすには無理があります。また、ロシア側に領空侵犯によってトルコを挑発する動機がありません。わずか10日ほど前に、プーチン大統領とエルドアン・トルコ大統領の間で、緊密な両国関係を確認したばかりでした。加えて、トルコはNATOのメンバーであり、NATOを敵に回すような冒険をプーチンが行うことはまず考えられません。

他方トルコにとっても、あえてロシアを挑発する動機はありません。確かに、ロシアが空爆対象にしているISは、トルコにとっては反体制テロ組織であるクルド人部隊を攻撃してくれていたので、得難い味方の面がありました。しかし、だからと言ってIS擁護のためにロシアと全面対決する用意があったとは思えません。

注目されるのは、プーチンとエルドアンの反応です。プーチン大統領はトルコの行為は国際法違反であるとして非難しつつ制裁を課しましたが、輸入停止や観光客の渡航禁止など抑制された内容でした。エルドアン大統領も、ロシア機撃墜を正当化しましたが、動揺している様子がうかがえました。事件後NATOを巻き込んだ措置は何も取りませんでした。撃墜命令を発したにもかかわらず、エルドアンの腰の引けた態度に違和感を覚えたものです。

この事件後、トルコのイスタンブールやアンカラなどにおいて、ほぼ1カ月に一度の頻度で立て続けにISやクルド人勢力によるテロ事件が発生します。こうした中、エルドアン大統領は翌年6月下旬にプーチン大統領に書簡を送り、ロシア機撃墜事件は偶発的であったとして謝罪しました。つまり、エルドアンの指示ではなかったことを認めたわけです。エルドアンのこの書簡は、ロシアとトルコ間の離間を工作した勢力にとって許しがたい行為でした。

この謝罪書簡が明らかになった直後の6月28日に、イスタンブール国際空港で40人以上が死亡する自爆テロが発生しました。これは明らかに謝罪書簡に対する報復テロであったと考えられます。ロシア機撃墜事件が謀略工作であった決定的証拠は、7月15日の一部の軍人によるクーデター未遂事件です。トルコ軍内の反エルドアン分子が決起したクーデターは、エルドアンの果敢な行動で鎮圧されました。この反乱分子の中に、ロシア軍機を撃墜したパイロットが含まれていたのです。これによって、撃墜事件は反エルドアン工作であり、緊密なプーチンとの関係を裂《さ》くことを狙った謀略だったことが証明されたのです。これまでの経緯を考えれば、ネオコンの工作であったことは論を俟たないでしょう。プーチンが冷静な対処をして、事実上エルドアンを追い詰めなかったことが、この工作を失敗させたと言えます。

トランプ大統領の当選(2016年)

2016年はグローバリズムに挑戦するもう一人の偉大な人物が現れました。アメリカのトランプ大統領です。ヒラリー・クリントンと争った大統領選挙で、ほとんどの予想を覆し共和党のドナルド・トランプ氏が勝利を収めました。ヒラリー支持のアメリカ主流メディアは、ヒラリーの圧勝を終始予測していました。ところがトランプが快勝したのですから、ヒラリーもメディアも呆然自失状態で、ヒラリーは敗北宣言をしたものの、民主党は事実上トランプの当選を認めない姿勢を貫くことになりました。これは民主主義の明白な否定であり、このような民主党の姿勢が巡り巡って2020年の大統領選挙における前代未聞の不正操作に繋《つな》がったともいえます。

民主党やメディアはトランプ大統領がアメリカを分断したとの非難を繰り返していますが、2016年以降アメリカを新たに分断する主因となったのは、民主党とメディアが選挙で選出されたトランプ氏を認めなかったことです。このような民主党の民主主義を否定する言動は、60~70名の民主党連邦議員がトランプ大統領就任式への出席をボイコットしたことに、象徴的に表れていました。

一部にしろ、アメリカ国会議員にしてこの体《てい》たらくなのですから、メディアが大統領就任式典の意義を正確に理解して報道することは、不可能だったのでしょう。大統領就任式はアメリカ民主主義の原点に思いを馳せる厳粛な儀式です。単に、トランプ大統領個人の就任を祝う式典ではありません。アメリカの民主主義の伝統を引き継ぐ「新たなアメリカ大統領」の就任を祝う神聖な儀式なのです。従って、トランプ支持者だけの祭典ではなく、トランプに投票しなかった有権者も出席するのです。トランプ大統領を認めないために欠席した国会議員たちは、トランプを否定したというよりもアメリカ民主主義を否定したことになります。

この式典に来た人の言葉として、「わたしはトランプに入れませんでした。しかしアメリカ大統領の就任式ですから、見たいと思いました」「民主的選挙によってえらばれた大統領の就任式に議員でありながら来ない人は汚点を残した」等、作家の曽野綾子氏が一般参加者の言葉を伝えていました（２０１７年1月25日付産経新聞）。

大統領就任式は、アメリカが前大統領の治政から、新大統領の治政に移るという区切りの儀式ですから、この区切りがうまく行かないとアメリカ民主主義が混乱することになるのです。今回のバイデン「新大統領」の就任式をTV中継で見ていた私は、まるで葬式のように沈痛なムードに支配されていた式典との感想を持ちましたが、「葬式のよう」ではなく「アメリカ民主主義の葬式」だったと今は確信しています。新政権がなかなか本格的に船出できていないのは、この区切りがスムーズに行かなかったからです。その原因は不正選挙で大統領職を盗んだバイデン側にあるからです。「新正副大統領」及び就任式典に参加した者たちは、多かれ少なかれアメリカ民主主義を抹殺した犯罪人たちでした。アメリカ民主主義を葬り去った彼らに代わり、今後、合法的に選出された正式の大統領の就任式のやり直しがなければ、アメリカ民主主義が蘇ることを期待することはできないでしょう。

アメリカファーストの衝撃

トランプ氏が共和党の大統領候補に選出されたことは、ウィルソン大統領以降オバマ大統領まで事実上アメリカを陰から支配してきたディープステートに取って、まさに青天の霹靂《へきれき》でした。トランプ候補は2016年7月21日の共和党大会における指名受諾演説で、ディープステートに真っ向から挑戦する姿勢を明らかにしました。トランプの信条が「アメリカファースト」であり、「グローバリズムではなくアメリカニズム」であることを宣言して、「アメリカファースト」の政治家に導かれない限り、他国がアメリカを尊重することは期待できないと力強く訴えたからです。

トランプの反グローバリズム宣言が以後のメディアのトランプ報道の基調を決しました。メディアはこぞって、トランプに対する一方的非難に転じたのです。メディアや世論調査会社は、一貫してヒラリーの圧勝を予想していました。このようなメディアが2020年の大統領選挙においても、バイデン有利の予測を最後まで貫いたのは不思議ではありません。念のためですが、メディアの当落予想とは、まともな調査に基づくものではなく、単に彼らの願望を報じたに過ぎないのです。

トランプの代名詞にもなった「アメリカファースト」を、ディープステート支配下のメディアがなりふり構わず誹謗中傷しなければならなかったのは、すでに本書で明らかにしてきたように、世界統一を目指す上での最大の障害となるからです。世界統一はディープステートの指導の下に行われなければならず、アメリカ国民が未来世界を構築する主人公になってはいけないのです。

トランプ大統領は、２０１７年1月20日の就任演説で「今この瞬間からアメリカファースト」が始まると宣言して、「アメリカは世界の国々と友好で善意に基づく関係を築きますが、すべての国には自国の利益を最優先する権利があります。私たちは自分たちのやり方を他の誰かに押しつけたりはしませんが、輝く模範として見習われる存在になります」と世界へ向け訴えました。

このフレーズの中に、ディープステートの世界戦略に対する批判が込められています。これまで見てきたように、ディープステートは「自由と民主主義」の旗印の下に、他国に対してアメリカ的価値を押し付けてきました。「自由と民主主義」は普遍的価値であるという触れ込みです。メディアにかかると、この普遍的価値を共有する体制が、国際協調主義秩序となるわけです。

この演説に表れているトランプの哲学は、「すべての国が自国ファーストであるべきだ、その上で各国が自立した国家同士として、友好関係を結べばよい」ということに尽きます。アメリカのみならず、世界各国が国民を主役とする統治を行うべきだとの主張は、グローバリズムを国際協調主義にカモフラージュして世界統一を成し遂げようと企んでいるディープステートにとって、許すべからざるアメリカ大統領に映ったのです。

トランプを誹謗中傷するメディア

トランプ大統領の就任演説を、メディアが酷評したことは驚きではありません。ディープステートの宣伝係の彼らは、すでにトランプをことごとく否定することを決めていたからです。

以後、２０２１年１月にトランプ大統領が退任するまで全否定を継続しました。それどころか、トランプ退任後もトランプを悪者にするフェイク報道に余念がないのです。

残念ながら米メディアのこのような姿勢を受けて、日本のメディアも終始反トランプ報道を垂れ流してきました。連日のように、ＴＶや紙面に躍ったトランプ像は、事実と真逆の虚像でした。以下、簡単にメディアのトランプ像を正したいと思います。それはまた、トランプ大統領の真実を理解することになるからです。

トランプは孤立主義者ではない

アメリカファーストはアメリカの孤立主義を表明したスローガンではありません。メディアは意図的に、あるいは単純に読解力に欠けているからか、トランプがアメリカファーストの後に必ず各国ファーストを付け加えていることを報道しません。「アメリカはアメリカファーストでやる、各国は各国ファーストでやりなさい」とのフレーズを伝えないのです。

２０１９年９月の国連演説で、トランプ大統領は、平和を望むなら自らの国を愛せよ、賢明な指導者は常に自国民と自国の利益を第一に考えるものだと、各国ファーストを世界に向かって呼びかけました。この国連演説には、トランプの世界観が如実に表れています。世界の指導者が耳を傾けるべきは以下の指摘です。

国家の善政は愛国者のみ実現可能である。歴史に根差した文化に育まれ、伝統的価値を大切にする愛国者が未来を築くことができる。これら愛国者こそが、自由を守り、主権を維持し、民主主義を継続し、偉大さを実現できる。各国が自国を愛することによって世界を良くすることができる。だから、世界のリーダーがなすべきことは、祖国を建設し、文化を大切にし、歴史に敬意を払い、国民を宝とし、国を繁栄させ、道義性を高め、国民に敬意を払うことである。

以上はトランプがアメリカに対して実践してきたことでもあります。さらにトランプは、「未来はグローバリストの手中にはない。未来は愛国者にこそある。未来は独立主権国家にある。なぜなら、このような国家こそ自国民を守り、隣国を尊重し、各国の特性に基づく違いに敬意を払うことができるからである」と強調し、世界のグローバリストを真正面から論難しました。

同時にトランプ流の世界平和構想を示しています。愛国者に指導された独立主権国家なら、隣国と共存することが可能になるのです。なぜなら、そのような自国を大切にする国家なら、他国が持つ歴史や伝統に培われた自国とは異なる特性を敵視したり警戒するのではなく、尊重することができるからなのです。グローバリストが主導する国連などの集団安全保障体制による世界平和ではなく、独立主権国家が地球という屋根の下で共存する世界観を表明しています。この世界観は、グローバリストが推進してきた国境意識を喪失させるポリティカル・コレクトネスを正面から否定するものでした。

この演説でトランプ大統領は、アメリカが目指すゴールが世界の調和（ハーモニー）であることを強調しました。独立主権国家が自国民を愛する統治を行えば、世界は調和すると訴えたのです。現在の世界が調和できていないのは、グローバリズムを信奉する社会主義勢力たる独裁主義国家が存在するからということです。

トランプは人種差別主義者ではない

トランプは、黒人、ヒスパニック系、アジア系の労働者や女性の雇用の拡大に努めた結果、記録的に低い失業率を達成しました。マイノリティー労働者の生活水準は格段に向上したのです。裏を返せば、トランプが白人至上主義者でないことも明白です。その結果、2020年の大統領選挙では、黒人票が格段に伸びたと言われています。

就任後100日を記念する集会において、「私たちは偉大なアメリカの運命を共有する一人の人間であることを思い出す時が来た。黒色でも、茶色でも、白色でも関係なく、私たち全員に愛国者の赤い血が流れていることを。私たちはアメリカ国民です。未来は私たちすべてのものです。アメリカを再び強くしましょう」と呼びかけました。トランプがアメリカを分断したのではありません。これまで分断されてきたアメリカ社会を愛国精神の下に一つに纏《まと》めようと努力してきたのです。

先の国連演説で見たように、トランプは有色人種を含む世界各国に対して、自国ファーストであれと訴えましたが、この姿勢に人種差別主義者ではないことが明確に表れています。

トランプは保護貿易主義者ではない

中国に対する３７００億ドルにも上る貿易赤字削減のために、高関税をかけたことをとらえて、世界のメディアは一斉にトランプ大統領が保護貿易主義者であると非難を浴びせました。その背景には、いわゆる自由貿易を理想とする彼らの価値観があるのですが、実は自由貿易至上主義こそ自由な貿易を妨げている面があるのです。トランプは特に中国が自由貿易という錦の御旗に隠れて自らは中国製品を保護する政策を取っていることを批判しているのです。一般に、自由貿易体制は労働力が安い途上国が生産する低価格の製品に有利な体制です。

それゆえ、価格競争力を失ったアメリカや先進国は中国などに製造業を移転したため、本国での雇用が失われ、産業の空洞化が起こりました。移転企業が生産した価格の安い製品が逆輸入された結果などもあって、アメリカは膨大な対中国貿易赤字に悩まされてきたのです。

トランプ大統領は、これらの不公平な貿易を是正するための交渉を行ってきましたが、中国が真摯《しんし》に応じなかったため高関税を課したわけです。日本も貿易交渉の対象になっていましたが、日米経済協定の締結で一段落しました。私たちは自由貿易が善で、保護貿易は悪と単純に決めつけてはなりません。そもそも自由貿易など歴史上一度も存在したことはないのです。現在のメディア報道の基準では、低関税なら自由貿易と見なし、高関税は保護貿易として排斥するといった単純化が見られます。これもポリティカル・コレクトネスなのです。途上国、つまり弱者に有利な体制だからこそ、自由貿易を美化しているに過ぎないのです。

トランプは移民排斥主義者ではない

トランプ大統領はメキシコとの国境に壁を作るという公約のため、移民排斥主義者の烙印を押されてきました。

しかし、トランプは正規の移民を排除したことはなく、犯罪の温床となる不法移民を厳しく取り締まると宣言しているのです。かつての不法移民の親に連れてこられた子供たちの救済策を講じるなど、人道的に配慮しています。

トランプが不法移民を取り締まるのは、彼らがアメリカの繁栄を蝕《むしば》み、社会を引き裂き、犯罪カルテルの餌食《えじき》になるからなのです。また、彼らの排出国では人材が枯渇《こかつ》し、若者が面倒を見てもらえないからです。何よりも、不法移民は悪徳密入国斡旋業者によって搾取され、女性は性的暴力の被害者になっているのです。これら人身売買業者やNGOの仮面をかぶった活動家が、不法移民を助長し、国境を無意味にしているのです。トランプは450マイルに及ぶ壁の建設と、メキシコ、グアテマラ、ホンジュラス、エル・サルバドルと不法移民規制協定を締結しました。このように、トランプは密入国や人身売買を終わらせ、これらの悪徳商売に手を染めている犯罪ネットワークを根絶させることに主眼を置いているのです。

トランプは女性差別主義者ではない

トランプ大統領は2020年10月、女性のエイミー・コーニー・バレット控訴院判事を最高裁判所判事に任命しました。ルース・ギンズバーグ判事（女性）の死去を受けたものです。また、トランプは、女性の経済的発展の追求は国家の繁栄と安全保障にとって不可欠との原則の下で、女性の地球的規模での発展と繁栄のためのイニシアティブを立ち上げ、全地球の女性が財産を所有・相続したり、男性と同じ業種で働いたり、自由に移動したり、各種経済制度を利用できる法的権利付与のための取り組みを推進しました。

トランプは大衆迎合主義者ではない

トランプ大統領はいわゆる大衆受けを狙った政策は何一つ行いませんでした。そのわけを知るには、トランプ大統領の別れのスピーチの以下の一節を引用することで十分です。

「大統領としての私の最優先事項として絶えず心にあった関心事は、アメリカの労働者と家族へ最大の利益を齎《もたら》すことでした。安易な道を選ぶことではありませんでした。実際のところ、これまでで最も困難な仕事でした。私は最も批判が少ない道を選ぶことはしませんでした。厳しい戦い、大変困難な戦い、大変難しい選択に取り組みました。なぜなら、あなた方が私をそうするために選んだからです。あなた方の求めることが、私にとって最も重要で、また屈することのない関心事でした」

トランプは戦争肯定主義者ではない

トランプ大統領は、過去にアメリカ人兵士の血が無駄に流されてきたことを繰り返すことはしないと公約して、アメリカの軍隊が犠牲を強いられながら外国の軍隊を援助し、アメリカの国境防衛を拒否する一方で外国の国境を防衛してきたことを、厳しく批判しました。具体的には、イラク、シリアから主力部隊を徹底させ、20年近く駐留するアフガニスタンからもタリバンとの間で撤兵交渉を進めました。そして、ホワイトハウスを去るに際して、この何十年もの歴史の中で、新しい戦争を始めなかった初めての大統領であることを誇りに思うと言い残すことができたのです。トランプこそ戦争をあくまで嫌った大統領でした。

イランの例を挙げれば、トランプの反戦姿勢を理解することができるでしょう。ブレジンスキーが「第三のチャンスはない」という言葉で暗示した世界戦争にトランプを引き摺り込もうとしたディープステートの謀略対象は、イラン危機でした。2019年6月、アメリカの偵察ドローンがイランに撃ち落とされた事件が起こりました。これに対して、トランプ大統領はイランに対し軍事的に反撃すると公言したのですが、直前に中止しました。表向きの説明は、攻撃により民間人に多数の犠牲者が出ることが判明したからということになっていますが、犠牲者が出ることは想定されていたはずですから、通常このような理由で中止することは考えられません。

ここで思い出すのは、前述したトルコによるロシア軍機撃墜事件です。恐らくトランプ大統領は、ドローン攻撃がイランの最高指導者のハメネイ師に知らせないで革命防衛隊が勝手に行ったことがわかったから、直前に中止したのだと考えられます。革命防衛隊内のネオコンの息のかかった分子が独断で米イラン間の軍事衝突を狙って工作した公算が高いと見られます。そうであるならば、2020年1月3日、イラン革命防衛隊の精鋭「コッズ部隊」のソレイマニ司令官がイラクのバグダッドで米軍の無人機攻撃により殺害された事件との辻褄が合うのです。

イランは1月8日に報復としてイラク駐留米軍基地にミサイル攻撃しましたが、米軍関係者に被害が出ないように綿密に計算された攻撃ぶりでした。これを受け、トランプ大統領はイランに経済制裁は科すけれども、報復攻撃はしないことを宣言しました。トランプが自制した結果、この後、米イラン関係は沈静化しました。私は、ハメネイ師にとってコントロールが効かなくなったソレイマニをトランプが抹殺してイランに恩を売り、イランもトランプの「好意」に応えて、両国の軍事紛争を防止するべく努めるようになったと解釈しています。

トランプ大統領の積極的な平和攻勢として、イスラエル支持策を挙げることができます。最近は中東和平問題がメディアの関心を引くことがなくなりましたが、トランプ大統領は中東情勢の安定化のために、イスラエルとパレスチナ自治区との間で、和平交渉を進めるべく様々な手を打ちました。

まず、エルサレムをイスラエルの首都と認め、アメリカ大使館を米総領事館のあった西エルサレムに移転しました。これらは慎重に考慮された措置であって、メディアが騒いだように中東を不安定化させるものではありませんでした。1967年の中東戦争の際にイスラエルが当時のヨルダン領東エルサレムを占領したため、国際社会はエルサレムをイスラエルの首都とは認定していないのです。

今回の声明で、トランプはエルサレム内の境界をどこに引くかは当事者間で決めればよいとしており、東エルサレムを含めてイスラエルの首都と認めたわけではありません。また、アメリカ大使館も従来からのイスラエル領西エルサレムに移転したもので、パレスチナ側の立場を害しないように配慮しています。

中東和平交渉とは、ヨルダン領だったヨルダン川西岸地区とエジプト領だったガザ地区のイスラエル占領地域に、パレスチナ国家を樹立するためのイスラエルとパレスチナ間の交渉のことで、1991年の湾岸戦争終了後、一躍国際社会の関心となり、以後、欧米やわが国も巻き込んで交渉が続けられた結果、PLOのアラファト議長がガザに帰還するなど一定の成果がありました。しかし、9・11同時多発テロ事件以降、アメリカの主たる関心がアフガニスタンやイラク、シリアにおけるテロとの戦いに移ったため、中東和平交渉は進捗が見られませんでした。

しかし、中東の安定化のためには、この和平問題を解決しなければなりません。そうでないと、いつでも新たな紛争の火種になるからです。そこで、トランプ大統領は鍵を握るイスラエルの立場に配慮した政策を矢継ぎ早に打ち出しました。その理由は簡単ですが、重要です。これまでの和平交渉では、イスラエルの核心的利益があまり考慮されてこなかったからです。アラブ諸国はじめ世界の多数が、パレスチナを支持していました。だから、パレスチナは頑迷な態度を取り続けることができ、イスラエルとの妥協を拒んできたのです。このように、国際社会が弱者の味方をすると可能な妥協が困難になる例として、先に見たポーランドのヒトラーに対する強硬態度の顚末をご参照ください。トランプがイスラエルの利益に配慮したことは、トランプ大統領の中東和平にかける真剣さを反映したものと思います。

ディープステートの存在を公言

2018年9月、中間選挙キャンペーンでモンタナ州を訪れたトランプ大統領は、「選挙で選ばれていないディープステートの活動家たちが、自分たちの秘密の課題を遂行するため、有権者に逆らうのは、民主主義そのものに対する脅威である」と初めてディープステートという言葉を使って、アメリカを蝕んでいる脅威の存在を明らかにしました。これまでディープステートという言葉を使うことはタブーとされてきましたが、トランプはこのタブーを打ち破った最初の大統領でした。

この発言を受けて、多くの識者がディープステートとは官僚群のことだと矮小化して伝えましたが、いわゆる公務員的官僚たちに限定されるものでは決してありません。アメリカ政治においては、各省庁の局長級以上の幹部は政治任命で、公務員から選ばれるわけではありません。ここに言う官僚には大統領補佐官や各省の閣僚やその補佐官など、アメリカ政府の中枢に巣くっているディープステートのエージェントを指しているのです。

2020年の大統領選挙において、これらディープステートの活動家たちが大規模な不正を働き、不正を隠蔽し、不正を捜査しなかったことで、トランプ大統領はホワイトハウスを追われることになりました。トランプがディープステートを名指しで批判したことは、この頃から今回の大統領選挙不正の可能性に気づいていた節があります。

トランプ就任と同時に起こったロシア疑惑（トランプ陣営がロシアと共謀して選挙を操作した）捜査に携わった関係者、元FBI長官のロバート・モラー特別検察官、彼を任命じた司法副長官のロッド・ローゼンスタイン、ありもしないロシアとの選挙共謀疑惑をでっち上げたジェームス・コミーFBI長官、彼らは皆ディープステートの活動家で、ユダヤ系です。2年も捜査した挙句ロシアとの共謀の証拠は出てきませんでした。嫌がらせでトランプ大統領の施政の足を引っ張り、全く無駄に国費を浪費しただけでした。

また、ウクライナ疑惑（トランプがウクライナのゼレンスキー大統領に、バイデン父子のウクライナ汚職事件の捜査を行うよう援助を条件として圧力をかけた）に関する弾劾裁判も同様にディープステートの活動家の策略でした。CIA職員の内部告発から始まり、下院の弾劾調査においてトランプの電話会談を知りうる立場の官僚たちが証言しましたが、トランプがこの条件を指示したとする証拠は出ず、いずれも伝聞によるものでした。その後、民主党のナンシー・ペロシ下院議長が強引に弾劾訴追に持って行きましたが、2020年1月に上院で無罪評決が出ました。

このように、ディープステートは様々な手を使ってトランプ追い落としを画策しましたがいずれも効果がなかったため、今回の大統領選挙で大規模な不正を行って、最終的にトランプをホワイトハウスから追放したのです。

トランプ大統領は、就任後着実に公約を実行してゆきました。メディアや民主党などはトランプが人種差別主義者であることを非難してやみませんが、トランプの実績を見れば決して人種差別主義者ではなく、人種の違いにかかわらずアメリカ国民として愛情を持って接していることがよく理解されます。前述した通り就任100日を記念する集会で、トランプは偉大なアメリカの運命を共有する一人ひとりの人間であることを思い出すべきであるとして、「黒色でも、茶色でも、白色でも関係なく、私たち全員に愛国者という赤い血が流れている」ことに思いを馳せ、未来は私たちアメリカ国民のものであるとの希望をもって、共にアメリカを再び強くしようと情熱的に呼びかけました。これまで分断されてきたアメリカ社会を、愛国心によって再び一つに纏《まと》めようとのメッセージです。

1年後の2018年1月30日に、トランプ大統領は上下両院合同会議で過去1年の成果を強調する一般教書演説を行いました。税制改革や雇用拡大策の成功、中国などとの公正な貿易、1・5兆ドルのインフラ投資、不法入国した親に連れられてきた子供の救済策、競合勢力である中国とロシアを念頭に核戦力の強化、北朝鮮への圧力等々公約を着実に実施していることを強調する内容でした。メディアが歪曲しているように、トランプは決して移民差別主義者でないことがよくわかる演説でした。

アメリカのメディアが例によって酷評したことはそう驚くに値しませんが、イギリスの「エコノミスト」誌、フランスの「ル・モンド」紙や「フィガロ」紙など世界の主要メディアもまた口をそろえて酷評した点に、ディープステート・メディアの国際的ネットワークの存在を感じます。このように、何が何でもトランプを誹謗中傷しなければならないメディアの姿勢からは、トランプ大統領が着実にディープステートの利権の牙城に切り込んできつつあることがうかがえます。

以上に見たように、トランプ大統領の4年間にわたる治政は、グローバリズムを推進するディープステートの利権に正面から挑戦したことに集約されます。アメリカファーストの実現まであと一歩のところでした。まさにそれゆえにこそ、ディープステートは自らの利権を死守するためになりふり構わず選挙不正を仕組み、トランプの2期目就任を阻止したのです。

トランプ大統領に投票した7400万人の有権者が、このような民主主義の蹂躙《じゅうりん》に目を瞑《つむ》ることができるかどうかが、今後のアメリカの行く末を決めることになるでしょう。

トランプ大統領はアメリカの愛国者の覚醒に全幅の信頼を置いて、ホワイトハウスを去りました。トランプが覚醒を期待したのはアメリカの愛国者のみならず、世界の愛国者でもあります。ということは、私たちも覚醒が求められているのです。この期待にどう応えるか、次章で見てゆきたいと思います。

第４章

日本の霊性が世界を救う

ディープステートは日本に何をしたか――
その1　中国を共産化するため日米戦争を仕組んだ

ディープステートは日本をグローバル市場に組み込むために、すでに何度も述べてきたブレジンスキーのレジームチェンジ方式を実践してきました。大東亜戦争敗戦後に日本を軍事占領したGHQ（連合国総司令部）は、日本の民主化にとりかかりました。民主化の下に女性参政権を付与して普通選挙を実施しましたが、戦前非合法化されていた日本共産党を合法化し、多数の党員を当選させました。ところが、民主化とは戦前の日本を全否定するための看板に過ぎず、真の目的は日本の社会主義化だったのです。

GHQの施策の内容に触れる前に、大東亜戦争の真実を明白にしておく必要があります。フランクリン・ルーズベルト大統領が中国を共産化するために、蔣介石《しょうかいせき》をあくまで日本と戦わせて疲弊させる戦略を取ったことは、第2章で述べた通りです。正統派歴史家があまり触れたがらない西安《せいあん》事件《じけん》（1936年12月）が支那事変の開始を告げるものとなりました。西安で蔣介石が部下の張学良《ちょうがくりょう》に監禁され、釈放の条件として共産党との対日共同戦線、いわゆる国共合作を呑《の》まされたことで、蔣介石は実権を失いました。

もちろん、張学良の独断でこのような大それたことができるはずがありません。背後には毛沢東、ソ連、アメリカ、要するにディープステートがいたのですが、国民党の実権は蒋介石の妻の兄である宗子文に移りました。この国共合作合意に基づき、翌1937年7月に共産党の謀略から盧溝橋《ろこうきょう》事件《じけん》が発生し、日本は支那事変の泥沼に引き摺り込まれてゆくわけです。日本の度重なる和平提案に対し、蒋介石はまともに対応しませんでした。アメリカからあくまで日本と戦い続けるよう圧力を受けていたことは、第2章で説明した通りです。

戦後になって明らかになった、この間の事情を証明する二つのエピソードを紹介しておきます。一つは西安事件の首謀者張学良の死去です。2001年にハワイで100歳の天寿を全うした張学良の遺族宛に、江沢民《こうたくみん》国家主席は弔電を送り、「張学良は偉大な愛国者で、中華民族の永遠の功臣である」と極めて高い評価を与えています。二つ目は、日中国交正常化前に訪中した佐々木更三《こうぞう》社会党委員長に対する毛沢東の発言です。両者が会談した際、先の戦争を謝罪した佐々木氏に対し、毛沢東は「蒋介石と戦ってくれた日本軍のお蔭で共産党政権が実現した」と、日本に感謝したのです。

改めて強調しますが、アメリカは中国を共産化するために、日本が蒋介石と戦うことが必要でした。

しかし、日本軍が優勢だったため、表向き蔣介石を支援し、同時に毛沢東を密かに援助するためには、アメリカ自身が対日参戦し、中国戦線に介入する必要があったのです。アメリカがマッカラム覚書に従って、謀略を働いて日本の真珠湾攻撃を誘発し、対日戦争に突入した経緯について興味ある方は、拙著『アメリカの社会主義者が日米戦争を仕組んだ』（ＫＫベストセラーズ、２０１５年）を参照してください。

その2　ＧＨＱによって日本を社会主義化した

世界共産化を目指していたディープステートは、ＧＨＱを通じて今度は日本の共産化を目指すのですが、その前段階として日本社会を社会主義的制度に改造しようと試みました。

私たちはＧＨＱと聞けば、日本に民主主義を齎《もたら》してくれたありがたい存在と反応するように教科書やメディアなどで洗脳されていますが、ＧＨＱを牛耳《ぎゅうじ》っていたのはニューディーラーの社会主義者たちでした。ニューディーラーとは事実上ユダヤ人のことですので、結局GHQによる社会主義化は日本社会のユダヤ化ということになります。この点を鋭く指摘したのは、GHQにも関わったユダヤ人モルデカイ・モーゼ氏です。モーゼ氏は『あるユダヤ人の懺悔《ざんげ》　日本人に謝りたい』（沢口企画、2019年）において、GHQのマッカーサー最高司令官がニューディーラーたちの操り人形であり、GHQへの社会主義化の具体的指令はアメリカ国務省内に居残ったニューディーラー・グループから送られ、民政局長のコートニー・ホイットニーや次長のチャールズ・ケーディス大佐が中心となって、これらの指令を実行したと明らかにしています。

特に注目されるのは、日本国憲法はワイマール憲法の丸写しとの指摘です。すでに明らかにしましたが、ワイマール共和国とはドイツを乗っ取ったユダヤ人が主導した共和国だったのです。ワイマール憲法を起草したのももちろんユダヤ人のフーゴ・プロイス内相でした。ワイマール憲法の真相を理解するためには、ワイマール共和国は、暴力的ロシア革命によってユダヤ人革命家がロシアを乗っ取ったのに対して、第1次大戦敗北の混乱に乗じていわば非暴力的手段でドイツを乗っ取ったユダヤ共和国であることを理解することが重要です。そうでなければ、教科書が教えるようにワイマール共和国憲法は、当時の世界で最も民主的な憲法だったと誤解してしまう恐れがあるのです。なぜなら、このような誤解の延長として、日本国憲法は民主主義的憲法であるとの誤解が、現在も大手を振って通用している原因となっているからです。

プロイスが目指したのは、ドイツ人口の1％に過ぎないユダヤ人が政権を維持するために、憲法によるユダヤ人保護を担保することでした。従って、1％の少数派ユダヤ人の権利を99％の多数派ドイツ人から保護するための憲法なのです。日本国憲法を起草したユダヤ人のケーディス大佐は、ワイマール憲法のユダヤ人保護の基本姿勢をそのまま書き写して日本国憲法を作り上げたというわけです。もちろん、日本には少数派としてのユダヤ人は住んでいませんから、日本国民は大東亜戦争の被害者であると偽装し、加害者たる軍国主義者と対比させて、被害者の権利を擁護する日本国憲法の骨格を作成しました。

要するに、日本国憲法を貫く精神は、被害者たる一般国民を加害者たる国家から守るという対立社会観、二元論に基づいているのです。そのために、国民に自由と平等の権利を付与し、これらの権利を保障する義務を国家に負わせたのです。しかし、そこには当然無理がありました。例えば、法の下での平等を定めた第14条は「すべて国民は、法の下に平等であって、人種、信条、性別、社会的身分又は門地により、政治的、経済的又は社会的関係において、差別されない」と規定していますが、そもそも日本国民に異なる人種は基本的には存在しないにもかかわらず、人種による差別を第一に禁止していること自体、わが国の実態に即していません。強いて言えば、外国人が帰化して日本国籍を取得した場合にあり得ますが、極めて例外的です。

なお、今日、第14条の平等権を基に様々な差別訴訟が提起されていることは、自由と平等の非両立性を裏書きする事例としてGHQの目論見が依然として効力を発揮していることを証明しています。

このように、自由と平等の非両立性に基づく国家（政府）と国民との対立構図が戦後民主主義と呼ばれるものの実態であり、75年にわたり日本人の精神的劣化をもたらしてきました。その意味で、日本国憲法こそ日本人の純度を劣化させた張本人と言えます。

少し考えてみればよくわかるはずのことなのですが、自由と平等は両立しません。こんなわかり切ったことがなぜ今日に至るまで見抜けないでいるのか、その理由は「民主主義」という空虚な言葉に騙《だま》されているというのが、モーゼ氏の論点なのです。確かに、モーゼ氏が指摘するように、日本国憲法には自由や平等という言葉は何度も出てきても、民主主義という言葉は一度も出てきません。日本国憲法は民主主義憲法だと金科玉条《きんかぎょくじょう》のごとく唱えている左翼リベラルの諸氏が、この点を指摘したのを聞いたことがありません。モーゼ氏によれば、民主主義という虚構の概念は、自由と平等の非両立性を見破られないため、両者を結合させるコーディネーターとして発明されたというのです。つまり、民主主義という誰も異を唱えることができないポリティカル・コレクトネスは、自由と平等の両立があたかも実現可能と思わせるための隠《かく》れ蓑《みの》に使われてきたと告発しているのです。

私たちが民主主義という言葉を何の疑問も抱かずに使って議論していることは、国会審議を見ていれば一目瞭然です。また、メディアが二言目には民主主義に反する云々と教訓を垂れ流している報道姿勢にもうかがうことができます。確かに、モルデカイ氏などユダヤ人の眼からすれば、日本や欧米諸国などの民主主義国は、不毛な言論の泥沼にはまり込んでいると見えることでしょう。ところが、日本においては、必ずしもユダヤ人が発明した民主主義の欺瞞《ぎまん》に翻弄《ほんろう》されているとは思えない節があるのです。

自由と平等が両立しないというのは、唯物論の世界においてなのです。この点は容易に理解されるでしょう。人々に自由な行動を許せば貧富の格差など不平等が生じ、平等を目指せば自由な行動が制約されることになるからです。

ところが、日本においては古来自由と平等は両立していたのです。従って、民主主義も虚構ではなく実態として存在していたのです。この点の詳細については後ほど論じるつもりですので、ここでは簡単に触れるにとどめておきます。私たちにとっての民主主義とは古来「話し合いによる和」のことです。古くは高天原《たかまがはら》で、八百万《やおよろず》の神々が侃々《かんかん》諤々《がくがく》議論を交わし（話し合い）、結論を天照大御神《あまてらすおおみかみ》に上げて裁断を仰ぎ、それで皆が丸く収まる（和）という伝統です。なお、この伝統が聖徳太子の17条の憲法によって文章化されていることは、言うまでもありません。

神々は各々違った役割を持っていますが、役割の価値は平等です。だからこそ、議論に対等の立場から参加できるのです。そして、個々の神はこのような平等の価値を持った役割を発揮することができるということが自由ということであり、高天原の生活はまさしく自由と平等が両立し、それゆえに話し合いによる和の民主主義が存在していたのです。このような伝統精神は私たちのＤＮＡの中に綿々と引き継がれてきました。それゆえに、ＧＨＱが日本に民主主義を授けたと得意になっていても、私たちはすでに民主主義を知っていたので、疑問を抱かずに受け入れたということができます。

ところが、彼らのいう民主主義は、彼らが本来両立し得ないと考えている自由と平等を架橋できるかのごとく粉飾するフィクションであったのですが、私たちはフィクションとしてではなく実在するものとして戦後民主主義を受け入れたと言えます。正確には、受け入れるというよりも日本の伝統的生き方に反するような危険思想ではなかったと見られたので、安堵してGHQの施策に従ったというのが偽らざる心理だったのではないでしょうか。

ワイマール共和国と占領日本との違いは、GHQのユダヤ人ニューディーラーたちはいずれ日本を去らなければならないということです。そこで、彼らが退去した後の日本をGHQ路線（ニューディーラー的社会主義）に縛り付けておくために、各界に彼らのエピゴーネン（継承者）を残しました。日本国憲法は日本共産党を先頭とする絶対的護憲政党、東京裁判史観についてはWGIP（ウォー・ギルト・インフォメーション・プログラム―戦争の罪悪感を植え付ける洗脳プログラム）を正当化するプレスコードを遵守《じゅんしゅ》するメディア、優秀者が公職追放された後、居残って学界や教育界を支配する二流学者。これらのいわば残置《ざんち》諜者《ちょうじゃ》（占領終了後もGHQの路線を忠実に守る日本人協力者）が後生大事に戦後民主主義体制というユダヤ思想支配を守って今日に至っているのです。

戦後民主主義が伝統的な「和の民主主義」とは似て非なるものであったにもかかわら

ず、国民が戦後民主主義をあたかも普遍的価値だと喧伝《けんでん》する残置諜者の悪意を見抜けなかったため、彼らが敗戦利得者として日本を支配する体制を許してしまったのです。安倍晋三氏が「日本を取り戻す」をスローガンに政権に就きましたが、それは、戦後民主主義体制という GHQ が敷いた日本劣化路線から本来の「和の民主主義」に日本を回帰させるという意味であったと私は解釈しています。一言で言えば、「日本ファースト」のことなのです。

それゆえに、朝日新聞など敗戦利得者層から執拗な非難を浴び続けなければならなかったのです。モリカケ問題がトランプ大統領を引っ掛けようと企《たくら》んだロシアゲートやウクライナ疑惑とだぶって見えるわけです。

その3　近隣諸国との対立を煽って日本を封じ込めた

日本に軍事的には勝利したとはいえ、彼らとしては日本がアジアの大国として再興することは阻止しなければならないとの決意をもって、日本の手足を縛る体制を打ち立てました。東アジア・レジームと言われる日本封じ込め戦略です。この事情をブレジンスキーは「日本を再びリージョナル・パワーにしない」と言い切っています（『The Grand Chessboard』）。リージョナル・パワーということは地域強国ということですが、パワーとは国家のことでもありますから、日本を独立国家として行動させないということを意味します。

では、どのような日本が求められているかというと、ブレジンスキー曰《いわ》く「日本は国際的な存在であれ」ということです。国際的な存在、インターナショナルな存在とは、日本の利益を第一に考えずに、国際社会の利益を優先せよということです。つまり、日本の富を世界の福利向上のために使えということです。まさに、アメリカのニューディーラーがアメリカの富を世界のために使うことであったように、GHQのニューディーラーは戦後日本が世界に貢献するインターナショナルな存在となるような路線を敷きましたが、これこそ日本の対外関係の社会主義化でした。国際主義（グローバリズム）とは社会主義の別名であることを想起してください。

彼らは日本を封じ込めるために近隣諸国との間に不和の種を蒔きました。いわゆる、「分割統治」の鉄則です。北方領土問題については、米英とも「千島列島の範囲を巡ってロシアと日本を永久的に論争させる」ように仕向けました。韓国との間では、アメリカは竹島が日本領であると認めているにもかかわらず、この立場を公表することはせず、竹島問題を巡って日韓を争わせ、この問題には介入しないとの立場を貫いています。さらに、「アメリカは韓国において強力な反日洗脳教育をおこなうと同時に、産業面においては韓国を、日本を牽制するための基地として育てました。その結果、韓国にＩＴ産業、造船、鉄鋼、半導体など日本をコピーしたこんにちの産業構造がつくられたといえます。こうしたことの背後には、有色人種を分割したのちに征服するという『divide and conquer』の戦略があった」と喝破《かっぱ》したのは、韓国人評論家のキム・ワンソプ氏です（『親日派のための弁明』草思社、２００２年）。

また、尖閣諸島についても、アメリカの基本的立場は「尖閣諸島は日米安保条約の適用範囲内ではあるが、尖閣の帰属問題にはコメントしない」というものですが、これは同盟国であっても日本の領土だとは認めないということを意味します。日本と中国が尖閣の領有を巡って争うことはアメリカにとって有利と考えているわけです。

以上の例はほんの一部に過ぎませんが、国家間を常に対立関係に置いておくという「分割統治」がディープステートの国際情勢面における一貫した戦略であることが改めて証明されました。

天皇を戴く日本の國体

日本が約3000年間存続してきた国家であるということは、世界の最大の奇跡と言ってよいほどの私たちが誇るべき民族的財産です。これが可能であったのは、ひとえにわが国の國体が数々の国難にもかかわらず維持されてきたことに尽きると言っても過言ではありません。その國体とは、わが国は天皇陛下が治《し》らしておられる国であるという厳然たる事実のことです。

最近復刻された戦中の国民学校で使われた国史の教科書『初等科國史』（ハート出版）を開くと、最初のページに「天壌《てんじょう》無窮《むきゅう》の神勅《しんちょく》」が出てきます。

「豊蘆原《とよあしはら》の千五百秋《ちいほあき》の瑞穂《みずほ》の國は、是れ吾が子孫の王たるべき地なり。宜しく爾皇孫《いましすめみま》就《ゆ》きて治《しら》せ。さきくませ。宝祚《あまつひつぎ》の隆《さか》えまさんこと、当に天壌と窮まりなかるべし」

当時の小学生は毎授業の前にこの神勅を朗読していたのです。小学生には難しい内容の文章ですが、流れるようなリズムで書かれており、これを朗読すれば意味は分からなくても、何となくわが国の悠久の歴史が肌で感じられるのではないでしょうか。国の歴史とは国民が感性で感じ取るものなのです。

今日の私たちはそれと明確に意識しなくても、この神勅の精神に従って生きていると言えます。カギとなるのは「治《し》らせ」という言葉です。歴代の天皇陛下は「治らす」の精神で、日本を纏《まと》めてこられました。「しらす」とは国民の上に立って統治するのではなく、国民を纏めるということです。まさに日本国憲法第1条にあるように、日本国民統合の象徴なのです。では、どのようにして纏めるかというと、稲作（農業）によって、国民を栄えさせて纏めるのです。この神勅が「斎庭《ゆには》の稲穂の神勅」（吾が高天原に御す斎庭の穂を以て、亦吾がみこに御せまつる）で、常に国民の生活が豊かになるようにと願っておられるのが、天皇陛下なのです。現在の私たちは、天皇陛下のこのような願いを意識的に感じているわけではありませんが、天皇陛下を敬う気持ちの中に溶け込んでいるように思えます。

天壌無窮《てんじょうむきゅう》の神勅と斎庭の稲穂の神勅は日本の國体を示しています。君民一体、あるいは君民共治の原則です。天皇は国民を大御宝《おおみたから》と慈しみ、国民は天皇を高天原の大御心《おおみごころ》を体現している大神官（現御神《あきつみかみ》）として敬う関係です。民を大切にする君と君を支える民は、いわば阿吽《あうん》の呼吸で一体となって日本国を成り立たせているわけです。君と民との間に利害関係の不一致は存在しないのです。これが「和の民主主義」というものです。留意すべきは、天皇は日本国の権威を統《す》べている御方であり、日々の行政などに関わる権力行為(これを古事記では「うしはく」と言います)は委任しておられます。簡単に言えば、わが国は権威と権力が分離している、二権分立の政体なのです。この点も、他の民主主義国と異なる点です。欧米に見られるように、行政、立法、司法の三権分立ではないのです。

日本国憲法は前文において、「国政は国民の厳粛な信託によるものであって、その権威は国民に由来し、その権力は国民の代表者がこれを行使し、その福利は国民がこれを享受する」と謳《うた》っていますが、憲法学者の字句通りの解釈は十分ではありません。具体的な権力の行使である国政は、天皇の権威とは別に存在しますが、権力と権威の間を取り持つのが国民なのです。すなわち、君民一体の下で、政治権力は常に国民の監視下にあるということは、天皇の権威を超えることは出来ないということを意味します。例えば、先の東日本大震災時に被災地を見舞われた天皇陛下に対する被災者の感謝の涙と、同じく見舞いに訪れた菅直人総理大臣に対する被災者の非難の怒号とを比較すれば、その差は歴然としています。

民主主義あるいは民主政治については、チャーチル首相が「民主政治は悪い体制であるが、他の政治体制はもっと悪い」と述べたように、現在のところ他に優れた体制がないから消去法で最も望ましい政治体制とされているに過ぎないのです。ところが、わが国の君民一体の民主主義は、世界に類を見ない政治体制ですので世界的な評価がなされていないだけで、世界が君民一体の民主主義を知れば、これこそ理想的な統治形態だと評価されることになるでしょう。

同様のことを、前掲書でモルデカイ・モーゼ氏はジャン・ジャック・ルソーの『社会契約論』を引いて、ルソーは「随意に祖国を選べと言われれば君主と国民との間に利害関係の対立がない国を選ぶ。しかし現実にそのような国があろうはずもないから、止むを得ずその代替物として民主主義を選ぶ」と述べたと紹介しています。確かに、ルソーは社会契約論の君主政を論じた件で、君主に対し「人民の力はすなわち国王の力なのだから、国王の最大の利益は、人民が富み栄えることだと説いても、まったく無駄であった」として、国王にとっては人民が弱くて貧しいことが利益になると指摘しています。

チャーチルの消極的民主主義の評価とも符合しますが、ルソーが君主と国民との利害関係の対立が存在しない国などあろうはずがないと諦めた理想の君民関係を持った国が、日本なのです。現在の私たちは君民一体という言葉さえ失っていますが、君民一体の体制は世界が理想としつつも、現実には存在しえないと諦めている体制であることに気づくことが必要です。

逆に言えば、君民一体の民主主義体制は、虚偽の民主主義の下に国民の間に対立を持ち込んで支配を容易にしようと企んでいる勢力にとっては、打倒すべき体制ということになります。わが国の歴史を振り返ってみれば、何度もこの國体を揺るがしかねない国難に襲われてきたことがわかります。この国難を先人たちがどのように克服していったかに学ぶことによって、現在わが国を襲っているディープステートの転覆工作を見破り、それに打ち勝つことが可能となります。

国難に対する先人の知恵
その1　芥川龍之介の「造り変える力」

わが国を襲った国難にどう対処すべきかを一言で論じたのは小説家の芥川龍之介でした。大正時代に認《したた》めたキリシタンものの短編の「神神の微笑」の中で、キリスト教に見られる「破壊する力」に対し、日本の古来の伝統が「造り変える力」であると喝破しました。安土桃山時代に宣教師として来日した実在の人物パアドレ・オルガンティノがキリスト教布教に苦労する物語ですが、オルガンティノの前に現れた日本を古来守護してきた老人の霊との会話形式の短編です。これは、最も優れた日本文化論でもあります。

件《くだん》の老人が、日本化した儒教や仏教の例を挙げて、キリストも日本では敗北することになるとオルガンティノに言い放ったのに対し、オルガンティノは、今日も侍が二三人キリスト教に帰依《きえ》したと反論しました。しかし、老人は「それは何人でも帰依するでしょう。唯帰依したと云う事だけならば、この国の土人は大部分悉達多《しったるた》の教えに帰依しています。しかし我我の力と云うのは、破壊する力ではありません。造り変える力なのです」と諭《さと》しました。それでも食い下がるオルガンティノに対し、「事によると泥烏須《デウス》自身も、この国の土人に変るでしょう。支那や印度も変ったのです。西洋も変らなければなりません。我我は木木の中にもいます。浅い水の流れにもいます。薔薇の花を渡る風にもいます。寺の壁に残る夕明りにもいます。何処にでも、又何時でもいます。御気をつけなさい。御気をつけなさい。……」と言い残して老人は消え去りました。

日本の古来の伝統的力を「造り変える力」と評して、キリスト教の「破壊する力」に勝利すると、歴史的な故事を引用しながら諄々《じゅんじゅん》と諭した老人の言葉に、なんとなく安堵感を覚えるのではないでしょうか。支那や印度も変わったというのは、儒教も仏教も日本的になることによって日本人に受け入れられたことを意味しています。日本の伝統に合うように造り変えて私たちの先人は受け入れたのです。その過程を得て初めて儒教も仏教も日本に根付くことができたのです。

老人の最後の言葉として、八百万《やおよろず》の神神がそれぞれの役割を果たしながら日本を守護している様を描写しています。いわば、これらの神神の思いがキリスト教を造り変えることになるだろうという予言のようにも聞こえます。排他的なキリスト教の破壊する力というのは、これらの神神が体現している「和の民主主義」とは相容れない思想であるからです。

もっとも、芥川龍之介は「造り変える力」に楽観していたわけではありません。むしろ、キリスト教が象徴する破壊文明に対して、そう容易には日本が勝利できない可能性を見抜いていた節があります。芥川のこの疑念には、いわゆる大正デモクラシーの影響の下でわが国の思想界に混乱が生じていた時代背景を感じ取ることができます。この短編で芥川はキリスト教が勝つか日本古来の神道が勝つか、まだその当時（大正時代）でも、容易に断定できないかもしれないとして、いずれ日本人の事業が勝敗を決することになろうと言い残しています。

この遺言は現在の私たちに鋭く突きつけられています。今日の私たちが、世界統一のために世界各国の伝統秩序を破壊することを狙っているディープステートの挑戦を受けているからです。芥川の指摘から100年経ってもまだ私たちは勝利していないのです。

その2　『國体の本義』～日本化する力

確かに芥川が指摘した私たちの事業は、その後も困難を極めました。だからこそ、15年後の1937年に政府（文部省）は『國体の本義』を発刊して、国民を啓発しなければなりませんでした。『國体の本義』に見られる危機感は、当時の政治、経済、社会における思想的混乱でした。支那事変が開始されるこの頃は、ニューヨーク発の大恐慌に惹起された経済不況を背景に、共産主義や社会主義勢力による革命運動や労働運動の激化によって世相の不安が増大し、5・15事件や2・26事件などに象徴されるように、軍部による政治に対する不満が極度に高まっていました。

『國体の本義』は、わが国の諸混乱の原因が、これら外来思想であることを指摘して、これらを摂取する際にはわが国の伝統的精神（國体）に基づいて醇化《じゅんか》し、日本の実情に合うように土着化して新たな日本文化を創造すべきことを熱っぽく訴えました。外来思想を醇化し土着化するとは、日本化するということです。どのように日本化すればよいかというと、外来文化を日本の国情に合うように造り変えて受け入れるということです。まさに、芥川龍之介の指摘と同じなのです。要するに、わが國体の真髄とは「造り変える力」のことなのです。

芥川が「神神の微笑」で指摘しているように、わが国に輸入された中国の儒教もインドの仏教も日本に来て日本的な儒教や仏教に造り変えられて日本化したのです。わが国は儒教の易姓革命思想を決して受け入れませんでした。かくして皇室の地位は揺らぐことなく今日まで続いているのです。また、江戸時代には儒学が知識人の教養とされるほどに全盛時代を迎えました。しかし、中国文化の輸入にもかかわらず、日本文化を守り通すことができた最大の功績は、儒教文献が齎した中国語を、文字を持たない先人たちが日本語読みしたことです。書籍も漢詩も書簡なども、漢字のみを借用し日本語読みを貫いたのです。その後、漢字を日本独自のカタカナやヒラガナに造り変えました。仏教は神仏習合によって日本神道との共存の道を選択した結果、日本人を開祖とする宗派仏教に変貌し、事実上国民皆仏教徒と言われるほどに発展しました。仏陀は日本人になったのです。

そこで、現在もなお決着がついていないのが、キリスト教文明を如何に造り変えるかの国家的大事業です。芥川は「破壊する力」と喝破しましたが、現在の用語を使えばグローバリズムが齎す破壊する力ということになります。明治維新も欧米諸国の「破壊する力」との対決でした。私たちの先人は王政復古によって欧米化（文明開化）とわが国の伝統文化（君民一体）を両立させることにより、当座の危機を乗り越えることができたのです。このことは、大正から昭和の初期にかけて６年間（１９２１〜27年）フランスの日本大使を務めたポール・クローデルが「日本は明治維新の後急激に欧米文化を輸入しても発展することができたが、その理由は太古の昔から文明を積み重ねてきたからだ」と評価したことに端的に表れています。明治日本は古来積み重ねてきた独自の文明の力で、欧米文化を造り変えて受け入れたからこそ、植民地にならずに独立を保つことができたのです。

日本の霊性は世界の師表

ということは、現在私たちがキリスト教文明の破壊する力であるグローバリズムに勝利できていない根本的な理由は、グローバリズムを日本の伝統に合うように造り変えられていないからということになります。なぜ、「造り変える力」が発揮できないのか、そのわけは私たちが君民一体の精神を忘れているからです。念のために再度繰り返しますが、君民一体の精神とは天壌《てんじょう》無窮《むきゅう》の神勅に象徴される「和の民主主義」のことです。国民一人ひとりが個性に基づいて自らの仕事に全力で尽くすことにより、社会が調和する体制のことです。一人ひとりの個性は皆違った特徴を持っていますから、個性を発揮することは、他人と衝突することはなく社会全体として調和することになるわけです。

これを役割分担による社会発展論、あるいは役割分担史観ということができます。破壊文明の階級闘争史観の対極になります。日本は階級闘争の結果ではなく、国民各自の役割分担の実践によって今日の繁栄を築くことができたのです。役割分担体制の頂点には、国民の幸せと繁栄を常に祈っておられる天皇陛下がおられるのです。天皇陛下の役割は国民を纏めることであると説明してきましたが、もう一つ重要な役割があります。それは、「天と地を結ぶ」役割です。

この役割は、邇邇芸命《ににぎのみこと》の降臨の意味を考えればわかりやすいでしょう。邇邇芸命は高天原（天）から瑞穂《みずほ》の国（地）に降臨してこられたのですから、天から地に下って来られたことになります。そして、この地上において高天原の霊性を維持しながら、地上世界の法則の下で生活されているのですから、天皇陛下の存在はまさしく天と地を結ぶ生活になるのです。

実は、天皇陛下だけでなく私たち一人ひとりも天と地を結ぶ役割を担っているともいえるのです。私たちも高天原の霊性、つまり高天原の神々と同じ神性を宿していることを意味します。霊性や神性に違和感を覚える人は、良心と言い換えてもよいでしょう。

私たちの良心とは高天原の神々の神性のことなのです。しかし私たちも同時に、この物質的世界で生きなければなりません。まさしく私たち自身、良心と物欲の相克の中で日々生きています。この生き方が天と地を結ぶ生き方であり、惟神《かんながら》の道であるのです。惟神の道とは、神々の御心に沿って生きることであり、この世においては神性と物欲のバランスを取りながら生活することです。物欲に呑まれない生き方と言い換えてもよいでしょう。私たちの日々が少しでも神性部分が多くなるような生き方をすることです。

そう考えますと、外に対しては役割分担に基づき自らの仕事に尽力することによって社会の調和と発展に貢献し、内に対しては神性と物欲のバランスを取りながら生活することによって魂修行を実践する、これが私たちの惟神の生き方の神髄であると言えるのです。このような生き方が国民の発展につながり、国民の発展が天皇と皇室の発展に繋がることになるわけです。

日本を手本にするプーチン大統領

日本の造り変える力に注目している世界の指導者の一人がロシアのプーチン大統領です。プーチン大統領は2000年の大統領就任に当たって認《したた》めた論文「新千年紀を迎えるロシア」において、ロシアが目指すべき新しい理念について、「ロシアの新しい理念は、人道主義に基づく世界の普遍的価値と、20世紀の混乱も含めて時の試練に耐えたロシアの伝統的価値とを有機的に統一する時に実現する」と強調しています。ここにプーチン大統領のロシア発展の哲学が凝縮されています。人道主義に基づく普遍的価値とは、自由、平等、人権などを指しますが、これらの諸価値とスラブ主義に基づくロシアの伝統的価値を両立させてロシアの発展を図らなければならないと、プーチン氏は主張しているのです。

プーチン大統領にとって手本となるのが、明治維新において欧米化と日本の伝統を両立させて今日の発展を築いた日本です。私たちはプーチン氏が柔道愛好家ゆえに親日的だと誤解していますが、それだけではなくて、普遍主義と伝統文化を結び付けて発展した日本の文化哲学に心酔しているからです。だからこそ、大統領就任を祝う電話をかけた小渕恵三総理（当時）に「日本の文化や哲学に親しんだものとして日本を愛さずにはおられない」（丹波實『日露外交秘話』中央公論新社、２００４年）と親日感情を漏らしているのです。また、プーチン大統領は「黒帯をつけるまで柔道をやってきた自分が日本を愛さないわけがない。日本の文学、哲学に大変関心がある」と述べたそうです（前掲書）。

プーチン大統領が日本に期待すること、それは全人類的な普遍的価値とロシアのスラブ主義的な伝統的価値とを有機的に結合させる秘訣を学びたいということです。その秘訣とは「造り変える力」です。ロシアの新しい理念を実現する秘訣は、ロシアが全人類的な普遍的価値をロシアの伝統的価値に合うように造り変えて受け入れるということなのです。ロシアを近代化させようとするプーチンの政策は、権力掌握後20年たってもまだ成功していません。ロシアの新しい理念を言い換えれば、繁栄（近代工業化）と安定（自国のアイデンティティ）を両立させることになります。この課題は世界各国にとっての共通の課題と言えるのです。明治維新以降の日本の発展モデルは世界にとっての師表《しひょう》となり得るのです。

トランプの世界観は日本の世界観と同じ

先にトランプ大統領の国連演説を引用しましたが、トランプ大統領はアメリカが目指すものは世界の調和（ハーモニー）であると強調しました。世界が調和するには何が必要か。トランプ氏の答えは愛国者であり独立主権国家です。つまり、愛国者でなければ独立主権国家たることができないということであり、また独立主権国家こそ、「自国民を守り、隣国を尊重し、各国の特性に基づく違いに敬意を払うことができる」からなのです。

ここで重要な言葉は「各国の違いに敬意を払うこと」です。私が勤務したウクライナでは、小学校5年生で松尾芭蕉の俳句を教えています。日本文学を学ぶ目的について、学習指導要領は「日本文学を通じて日本人の国民性を学ぶことにより、ウクライナとは違った文化を持つ日本に対する尊敬の念を養う」と記しています。まさしく、トランプ大統領が言うように、ウクライナ文化と違う日本文化に敬意を払っているのです。ソ連からの独立間もないウクライナが愛国主義に溢れる国であることについては言うまでもありません。

同じウクライナの学校教育で、「天と地を結ぶ日本文化」という評価にも接しました。高校２年生で川端康成の『千羽鶴』を学んだ女生徒は、「日本文化は世界を平和に導くことができ、天と地をつなぐ階段の上り方を教えてくれる伝統と習慣を持っている」と読後感を寄せてくれました。天と地をつなぐとは、「天と地を結ぶ」天皇陛下の役割と通底します。天と地を結ぶことは、世界平和に通じるのです。つまり、私たち日本人の惟神《かんながら》の生活が、世界平和を齎すとプーチンも、トランプも、ウクライナも評価してくれているのです。

トランプ大統領の国連演説に戻りますと、愛国者が指導する独自の特性を持った独立主権国家から成る世界が、調和した世界ということです。まさしく、神武天皇以来のわが国の伝統である八紘一宇《はっこういちう》の世界観です。私たちが気づかないうちに、世界の方が日本を師表として認めてくれているのです。

破壊文明との決別

これまでディープステートの破壊的性格を様々な角度から検証してきました。わが国の特徴が破壊する力ではなく造り変える力であることを強調し、現在わが国を襲っているグローバリズムという破壊イデオロギーにどう対処すべきかを述べてきました。最後に、破壊主義者たちの歴史を纏め的に整理しておきたいと思います。

破壊の対象は、第一に物理的国境の破壊であり、これはマルクス・レーニン主義による共産主義暴力革命によって実現しようと策しました。第二は意識的国境の破壊で、これはフランクフルト学派の批判理論による文化革命（秩序破壊革命）によって実現を目指しています。第2次大戦までは先進国も含め第一の破壊が主流でしたが、戦後は後進国向けにほぼ限定されました。第二の破壊は戦後は先進国向けに集中して向けられてきました。そして、東西冷戦終了後は、世界的に第二の破壊工作を強化し、日本を含む欧米諸国においてある程度の成果を挙げましたが、まだ完成には至っていません。だからこそ、ブレジンスキーが言うように、第二のチャンスは失われたため、２０１４年以降、今現在は同時並行的に第一の破壊工作が復活しているのです。

この状況が先述したハルマゲドンであり、トランプ追放以降激化の様相を呈してきました。グローバリズム対ナショナリズムのハルマゲドンに勝利するには、両者を架橋するしか道はありません。この架橋の道は日本が提供できるのです。先にプーチン大統領の言葉として紹介した「人道主義に基づく普遍的価値と各国の伝統的価値を結合」する秘訣は、人道主義を伝統的価値に合うように造り変えて受け入れることでした。

人道とは読んで字のごとく「人の道」ですが、これこそ惟神の道と言い換えることができます。各国が特性に従い独自の惟神の道を作り上げることにあります。各国が各国なりの造り変える力を発揮することです。そのモデルがわが国の神代以来の生き方なのです。トランプ大統領は分断されたアメリカを再び纏めようと尽力しました。アメリカ国民を纏めるということは、天壌無窮の神勅にある「治らす」ことと同じです。各国の愛国的指導者が国民を纏めることによって、世界は平和に近づくと言えましょう。ハルマゲドンという人類の危機の時こそチャンスでもあります。第三のチャンスを世界最終戦争にしないためにも、私たちの惟神の生き方が世界の見本となる必要があるのです。

馬渕睦夫（まぶち むつお）
1946年、京都府生まれ。京都大学法学部３年在学中に外務公務員採用上級試験に合格し、68年、外務省入省。71年、研修先のイギリス・ケンブリッジ大学経済学部卒業。2000年、駐キューバ大使、05年、駐ウクライナ兼モルドバ大使を経て、08年に外務省退官。同年防衛大学校教授に就任し、11年、退職。『日本を蝕む新・共産主義』（徳間書店）、『ウクライナ紛争 歴史は繰り返す 戦争と革命を仕組んだのは誰だ』（ワック）、『馬渕睦夫が読み解く2023年世界の真実』（ワック）、『謀略と捏造の200年戦争』（渡辺惣樹氏との対談 徳間書店）など著書多数。

ディープステート
世界《せかい》を操《あやつ》るのは誰《だれ》か

2023年５月27日　初版発行
2024年11月20日　第４刷

著　者　馬渕 睦夫

発行者　鈴木 隆一

発行所　ワック株式会社
東京都千代田区五番町 4-5　五番町コスモビル　〒102-0076
電話　03-5226-7622
http://web-wac.co.jp/

印刷製本　大日本印刷株式会社

ISBN978-4-89831-881-2